KB206417

박경호헬라어번역성경

JOHN
New 요한복음

영원한 생명과 그 전파

"전무후무한 성경"

"KJV 및 개역개정의 오번역을
헬라어 원어로 완벽하게 정정한 성경"

세계 최초 1:1 대응 번역

헬라어신약 스테판(1550년)
한글 번역 및 1:1 대응 수정(박경호, 2021년)

부록 : 박경호헬라어스트롱사전(1:1 한글 대응)

역자 **박경호**

1986년 서울대학교 졸업
1989년 서울대학교 대학원 졸업

현) 베다니 히브리어&헬라어 번역원 원장

번역출판물
박경호헬라어번역성경
(New마태복음, New누가복음, New마가복음, 요한복음, 요한계시록)

NEW
요한복음

개정판 1쇄 발행 2022년 02월 16일

역 자 박경호
펴낸이 유애영
펴낸곳 히브리어&헬라어 번역 출판사
디자인 주식회사 북모아
인쇄처 주식회사 북모아

출판등록번호 제2020-000143호
전 화 010-3090-8419
주 소 서울특별시 서초구 본마을길 55-1 지하 1층
팩 스 070-4090-8419

ISBN 979-11-972349-3-4

가격 49,000원

New

요
한
복
음

영원한 생명과
그 전파

JESUS

In the name of Jesus Christ Lord Amen

머리말

　요한복음은 선교사들에게서 가장 먼저 번역되고 쪽복음으로 전도된 친숙한 책입니다. 그러나 실상은 4복음서 가운데 가장 심도깊어 영적인 이해를 하기가 매우 어려운 난해한 책입니다.

　마태복음이 계명순종을 강조한 책으로써 거듭남에 이르게 한다면, 누가복음은 죄를 씻으며 온전한 회개를 통하여 구원에 이르게 하며, 마가복음은 구원받은 자가 다시 범죄하여 구원상실로 미혹시키는 귀신을 좇아내어 구원을 안정케 합니다.

　그러나 요한복음은 온전한 구원 안에 있는 자가 복음을 증거하여 자신을 결국 영생의 축복에 들어가게 하는, 가장 확실하게 구원받은 자에게 주시는 복음이기에 그 난해성과 깊이는 이루 말할 수가 없습니다.

　통상 요한복음이 가장 이해하기 쉬운 성경이라고 알려진 이유는, 요한복음의 정확한 의미를 깨닫지 못하고, 자신의 수박 겉핥기 식의 해석에 만족하여, 복음 자체를 매우 쉽게 오판한 결과입니다.

　구약을 이해해야만 마태복음의 정확한 의미가 이해되며, 마태복음을 정확히 이해해야만 누가복음과 마가복음과 요한복음이 순차적으로 이해되며, 4복음서가 정확히 이해되어야 로마서가 이해되는데, 구약과 4복음서의 이해없이 로마서 및 바울서신을 이해하려한 시도 및 그 바탕으로 교리화된 신학을 공부하기 때문에, 율법폐기론 및 사변적 복음으로의 해괴한 구원관을 갖게된 것입니다.

성경 곧 성경66권은 One Story 이기에 창세기부터 계시록까지 전체를 보고 이해하지 않으면, 거대한 코끼리를 귀나 코, 두꺼운 다리 정도로 이해하여, 정확한 실체파악에 실패하는 것입니다.

요한복음은 거듭남과 구원, 예수님의 실체의 내주를 통한 구원받은 자의 특징이 아주 정확하면서도 상세히 묘사되어 있어, 우리 자신의 영적인 실상을 고발하며 그런 고발을 전도에 적용시킴으로 전도받는 자에게 도전이 되며, 복음전파자 자신도 영적인 은혜를 잃지 않도록 도와줍니다.

이미 박경호헬라어번역성경 요한복음이 출판되었지만, 다시 박경호헬라어번역성경 New요한복음을 출판하는 이유는, 기존 요한복음과 New요한복음의 차이가 하늘과 땅처럼 멀기 때문입니다. 기존 요한복음은 헬라어 원어에는 완전하게 충실하였지만, 1:1 대응번역이 완벽하진 않았습니다.

반면, 박경호헬라어번역성경 New요한복음은 거의 완벽하게 모든 단어를 1:1대응번역의 원칙에 따라 번역하였기에, 요한복음의 뜻을 훨씬 정확하게 파악하는데 도움을 받을 수 있습니다.

물론, New요한복음에 탑재된 박경호헬라어스트롱사전은, 마태복음, 누가복음, 마가복음 및 요한복음에 쓰여진 헬라어 원어의 모든 스트롱코드의 1:1한글의 의미가 들어가 있어, 가장 최신의 가장 많은 information이 함유된 사전이 될 것입니다.

박경호헬라어번역성경이 개역개정이나 KJV성경의 오번역을 바로 잡은 이유는,

　　1) 통상 누구라도 헬라어 사전을 갖고 원어를 스트롱코드에 대입하면 그 결과 나온 의미는 개역개정이나 KJV을 벗어날 수 없는데, 히브리어나 헬라어 원어를 개역개정한글성경이나 KJV영어성경을 번역할 때 규정한 의미를 사전화시켰기 때문입니다.

　　2) 그에 반해, 박경호헬라어번역성경은 기존의 사전을 사용하지 않고, 헬라어 원어의 의미를 어근분석을 통하여 새롭게 규정한 의미로 번역하였기에, 기존의 개역개정이나 KJV과는 그 번역에 큰 차이를 보이는 것입니다.

　　3) 더 나아가, 기존의 개역개정이나 KJV은 헬라어 한 단어를 한글이나 영어 5개에서 많게는 30개까지 다른 단어로 번역하여, 그 의미가 정확하게 들어오지 않아 매우 애매한 의미로 들어오지만, 박경호헬라어번역성경은 헬라어 한 단어를 한글 한 단어와 1:1 고정시켰을 뿐만 아니라, 절대 단어가 중복되지 않도록 전혀 다른 단어를 사용한 것입니다.

　박경호히브리어&헬라어번역성경이 전무후무한 성경이라는 거대한 타이틀을 붙인 이유는, 이와같이 헬라어 단어마다 새로 그 의미를 부여하는 사전작업과 결코 헬라어 한 단어를 의미에 따라 의역하지 않고 직역을 통하여 헬라어 원어와 똑같은 의미로 만드는 지루하고도 방대한 작업을 할 수 있는 사람은 앞으로도 없을 것이라는 판단에 근거합니다.

통상 70명이 각자 자기에게 부여된 성경부분을 3년 안에 번역하여, 각기 다른 의미로 번역된, 개역개정이나 KJV과는 달리, 박경호헬라어번역성경은 1명이 창세기부터 계시록까지 일관되게 1:1매칭방식으로 번역하기에, 짧게는 50년 길게는 70년의 번역기간이 필요한 것입니다.

　　이렇게 지루한 번역을 하루도 쉬지않고 매일 많은 시간을 할애하며, 번역에 매진할 수 있는 이유는, 하나님의 말씀은 살아있고, 그 말씀 한 자 한 자에 하나님의 생각과 의도가 숨어있으며, 그 말씀의 의미를 원어로 정확히 깨달으면서 오는 영적인 쾌감때문입니다.

　　저의 장황한 설명이 오히려 요한복음의 주인공이신 예수님의 이름을 가릴 것같은 두려움에 설명을 그치려합니다. 엄밀히 말씀드리면, 이 New요한복음은 다른 박경호헬라어번역성경과 마찬가지로 전적인 예수님의 감동과 은혜로 된 것임을 부인할 수 없기에, 오직 예수님께 감사와 찬양과 영광을 돌려드립니다.

2022년 1월 4일

[베다니 히브리어&헬라어 번역원 원장] 박경호

목차

4P   머리말

11P   요한복음 **1**장 (1절~44절) [개역개정, KJV 1:1~1:52]
        ••• 하나님의 아들이신 예수님

21P   요한복음 **2**장 (45절~65절) [개역개정, KJV 2:1~2:25]
        ••• 새 포도주이시며 새 성전이신 예수님

27P   요한복음 **3**장 (66절~130절) [개역개정, KJV 3:1~4:42]
        ••• 거듭남과 구원

39P   요한복음 **4**장 (131절~241절) [개역개정, KJV 4:43~6:71]
        ••• 영생의 빵이신 예수님

59P   요한복음 **5**장 (242절~330절) [개역개정, KJV 7:1~8:59]
        ••• 영생의 빛이신 예수님

77P   요한복음 **6**장 (331절~402절) [개역개정, KJV 9:1~10:42]
        ••• 인류의 유일한 구원자 예수님

91P 요한복음 **7**장 (403절~467절) [개역개정, KJV 11:1~12:19]
 ••• 생명과 부활이신 예수님

103P 요한복음 **8**장 (468절~536절) [개역개정, KJV 12:20~13:38]
 ••• 영생의 말씀이신 예수님

115P 요한복음 **9**장 (537절~626절) [개역개정, KJV 14:1~16:33]
 ••• 보혜사 성령님을 보내주시는 예수님

131P 요한복음 **10**장 (627절~648절) [개역개정, KJV 17:1~17:26]
 ••• 중보하시는 예수님

137P 요한복음 **11**장 (649절~734절) [개역개정, KJV 18:1~19:42]
 ••• 나의 왕이신 예수님

153P 요한복음 **12**장 (735절~795절) [개역개정, KJV 20:1~21:25]
 ••• 부활하신 예수님의 전파

165P 박경호헬라어스트롱사전

222P 마침말

• 전무후무한 성경 •

NEW

JOHN

• 세계 최초 1:1 대응 번역 •

장

1절~44절 [개역개정, KJV 1:1~1:52]

하나님의 아들이신 예수님

1장

NEW
요한복음

1 처음에 말씀이 계셨으며, 말씀은 하나님과 계셨는데, 하나님
은 말씀이셨습니다.

2 이분은 처음에 하나님과 계셨습니다.

3 모든 것들이 그분을 통해 되었으며, 그분 없이는 하나도 된
것이 없었습니다.

4 그분 안에 생명이 있었고, 생명은 사람들의 빛이었습니다. 빛
이 어둠에 나타내지만, 어둠이 그것을 잡아내지 못했습니다.

5 하나님에게서 보내어진 사람이 되었으니, 그의 이름은 요한
입니다.

6 이자가 증거하러 왔으니, 빛에 대하여 증거하며 또한 자기를

통해 모든 자들이 믿게 하기 위함이었습니다.

7   그는 다만 빛에 대하여 증거하기 위함이며 빛은 아니었습니다.

8   세상으로 와서 모든 사람을 밝게하는 참 빛이 있었습니다.

9   세상에 계셨으며, 그분을 통해 세상이 되었으나, 세상은 그분을 알지 못했습니다.

10   자기자신의 자들에게 오셨으나, 자기자신의 자들이 그분을 데려오지 않았습니다. 그러나 그분을 받는 자 곧 그분의 이름을 믿는 자들에게는, 하나님의 자녀들이 되는 권세를 그들에게 주셨습니다. 그들은 혈통에게서도 아니고 육체의 뜻에게서도 아니고 남자의 뜻에게서도 아닌, 다만 하나님에게서 낳아진 자들입니다.

11   말씀이 육체가 되었으며, 우리 안에 장막쳐거하셨으며, 우리가 그분의 영광을 눈여겨보았는데, 은혜와 진리가 가득찬, 아버지에게서 독생하신 자로서의 영광입니다.

12   요한이 그분에 대하여 증거하여 말하기를, "이분은 '내 뒤에 오시는 분이 나보다 앞서 되셨습니다. 그분은 나보다 먼저

계신 것입니다.'라고 내가 말한 분입니다.”라고 소리질렀습
니다.

13 그분의 성취한 것에서, 우리 모두가 받았는데, 은혜 대 은혜
입니다. 곧, 율법은 모세를 통하여 주어졌으나, 은혜와 진리
는 예수 그리스도를 통하여 된 것입니다.

14 아무도 언제고 하나님을 본 자는 없지만, 아버지 품에 계시는
독생하신 아들, 그분이 표현하셨습니다.

15 예루살렘에서 제사장들과 레위인들이, “당신은 누구입니까?”
라고 그에게 요구하여묻기 위해, 유대인들을 보내었을 때, 요
한의 증거는 이렇습니다. 그는 공언하였으며 부인하지 않았
는데, “나는 그리스도가 아닙니다.”라고 공언하였습니다.

16 그들이 그에게 요구하여물었습니다. “그런즉 누구입니까? 당
신은 엘리야입니까?” 그가 말합니다. “나는 아닙니다.”“당
신은 선지자입니까?” 그가 대답했습니다. “아닙니다!”

17 그런즉 그들이 그에게 말했습니다. “당신은 누구입니까? 우
리를 보낸 자들에게 대답을 주기 위함입니다. 당신자신에 대
하여 누구라고 말합니까?”

18 그가 들려주었습니다. "나는 '너희는 주님의 길을 곧바르게 해라!'라고 광야에서 외치는 음성입니다. 선지자 이사야가 말한 그대로입니다."

19 바리새인들에게서 보내어진 자들이 있었습니다.

20 그들이 그에게 요구하여물어 그에게 말했습니다. "그런즉 당신이 그리스도도 아니고, 엘리야도 아니고, 선지자도 아니라면, 왜 당신은 세례줍니까?" 요한이 그들에게 말하기를, "나는 물로 세례줍니다. 그러나 여러분 한가운데 여러분이 알지 못하는 분이 서계십니다. 그분은 내 뒤에 오시지만, 나보다 앞서 되신 분이십니다. 나는 그분의 신발 끈을 푸는 것도 마땅치 않습니다."라고 대답했습니다.

21 이 일은 요한이 세례주고 있던 곳, 요단 건너 베다바라에서 되었습니다.

22 다음날, 요한은 예수님께서 자기에게 오시는 것을 보고 말합니다. "오호! 세상의 죄를 들고가시는 하나님의 흠없는양이시다.

23 이분은 '내 뒤에 나보다 앞서 되신 남자가 오시는데, 나보다 먼저 계셨습니다.'라고 내가 말한 분이시다.

24   나도 그분을 알지 못했었다. 다만 그분이 이스라엘에 공개되어지기 위해, 이러므로 내가 물로 세례주러 왔다."

25   요한이 말하기를, "나는 하늘에서 비둘기처럼 내려오시는 영을 눈여겨보았는데, 그분 위에 머물렀다.

26   나도 그분을 알지 못했었다. 다만 물로 세례주라고 나를 보내신 분, 그분이 '영이 내려와 그 위에 머무는 분을 네가 보면, 이분이 거룩한 영으로 세례주는 분이시다.'라고 내게 말씀하셨다.

27   나도 보았기에, 이분이 하나님의 아들이신 것을 증거하는 것이다."라고 증거하였습니다.

28   다음날 다시, 요한은 자기 제자들 중에 2명과 서있었습니다.

29   그리고 예수님이 걸어다니시는 것을 쳐다보고 말합니다. "오호! 하나님의 흠없는양이시다."

30   두 제자는 그가 얘기하는 것을 듣고, 예수님을 따랐습니다.

31   그러자 예수님께서 돌아서서, 그들이 따르는 것을 눈여겨보시고, 그들에게 말씀하십니다. "너희는 누구를 찾느냐?" 그

러자 그들이 그분께 말했습니다. "랍비님! ('선생님!'이라고 통역됩니다) 당신은 어디에 머무십니까?" 그분이 그들에게 말씀하십니다. "와라! 그리고 봐라!"

32 그들이 가서 그분이 어디서 머무시는지를 보았습니다. 그 날 그분과 머물렀습니다. 시간이 약 16시였습니다.

33 요한에게서 듣고 그분을 따르는, 2명 중에 1명은 시몬 베드로의 형제 안드레였습니다.

34 이자가 먼저 자기자신의 형제 시몬을 발견하고, 그에게 말합니다. "우리가 메시야를 발견하였다." ('그리스도'라고 번역됩니다) 그리고 그를 예수님에게 끌고왔습니다.

35 예수님께서 그를 쳐다보시고 말씀하셨습니다. "너는 요나의 아들 시몬이다. 너는 게바라고 불릴 것이다." ('베드로'라고 통역됩니다)

36 다음날, 예수님은 갈릴리로 나가기를 원하셨습니다. 빌립을 발견하시고 그에게 말씀하십니다. "나를 따라라!"

37 빌립은 안드레와 베드로의 성, 벳새다 출신이었습니다.

38 빌립이 나다나엘을 발견하고 그에게 말합니다. "율법에서 모세와 선지자들이 기록한 분을, 우리가 발견하였는데, 나사렛 출신 요셉의 아들 예수님이시다."

39 나다나엘이 그에게 말했습니다. "나사렛에서 무슨 선한 것이 있을 수 있느냐?" 빌립이 그에게 말합니다. "와라! 그리고 봐라!"

40 예수님께서는 나다나엘이 자기에게 오는 것을 보셨으며, 그에 대하여 말씀하십니다. "오호! 참으로 이스라엘인이다. 그 안에 계략이 없다."

41 나다나엘이 그분께 말합니다. "어떻게 저를 아십니까?" 예수님께서 대답하셨으며 그에게 말씀하셨습니다. "빌립이 너를 소리내어부르기 전, 네가 무화과나무 아래 있는데, 너를 보았다."

42 나다나엘이 대답하였으며 그분께 말합니다. "랍비님! 당신은 하나님의 아들이시며, 당신은 이스라엘의 왕이십니다."

43 예수님께서 대답하셨으며 그에게 말씀하셨습니다. "내가 너를 무화과나무 아래쪽에서 보았다고, 네게 말했기에, 너는 믿느냐? 이것보다 더큰 것들을 볼 것이다."

44 그리고 그에게 말씀하십니다. "진실로 진실로 너희에게 말하는데, 지금부터 하늘을 열고, 하나님의 천사들이 사람의 아들 위에 올라가고 내려가는 것을 너희가 볼 것이다."

장

45절~65절 [개역개정, KJV 2:1~2:25]

새 포도주이시며 새 성전이신 예수님

2장

NEW
요한복음

45 셋째 날, 갈릴리 가나에 결혼식이 있게되었습니다. 예수님의
어머니가 거기 있었습니다.

46 예수님도 자기 제자들도 결혼식에 불려졌습니다.

47 포도주가 부족하여 예수님의 어머니가 그분에게 말합니다.
"그들이 포도주를 갖고있지 않습니다."

48 예수님께서 그녀에게 말씀하십니다. "여자여! 나와 당신에게
무엇입니까? 내 시간이 아직 온 것이 아닙니다."

49 그분의 어머니가 섬기는 자들에게 말합니다. "그분이 너희에
게 무엇을 말씀하시든지, 너희는 행해라!"

50 유대인들의 정결을 따라 2이나 3통씩 수용하는, 돌로된 물항

아리 6개가 거기 놓여 있었습니다.

51   예수님께서 그들에게 말씀하십니다. "물항아리에 물을 채워라!"

52   그들이 그것들을 위까지 채웠습니다.

53   그분이 그들에게 말씀하십니다. "지금 떠라! 그리고 연회장에게 가져가라!" 그들이 가져갔습니다.

54   그러자 연회장은 포도주가 된 물을 맛보았지만, 그것이 어디에 있는지는 알지 못했습니다. 그러나 물을 떠온 섬기는 자들은 알았습니다. 연회장이 신랑을 소리내어불러 그에게 말합니다. "모든 사람이 첫번째로 좋은 포도주를 내며, 취해질 때, 그때 더미달된 것을 낸다. 당신은 지금까지 좋은 포도주를 지켰다."

55   예수님께서 갈릴리의 가나에서 이 처음 표적들을 행하셨으며, 자신의 영광을 공개하셨습니다. 그리고 그분의 제자들이 그분을 믿었습니다.

56   이 후, 그분과 그분의 어머니와 그분의 형제들과 그분의 제자들이 가버나움으로 내려가셨으나, 거기서 많은 날들을 머물

지는 않았습니다.

57 유대인들의 유월절이 가까이 있었으며, 예수님께서는 예루살렘으로 올라가셨습니다.

58 그리고 성전에서 소들과 양들과 비둘기들을 파는 자들과 잔돈바꾸는 자들이 앉아있는 것을 발견하셨습니다. 노끈으로 채찍을 만드셔서 모든 것들 곧 양들과 소들을 성전에서 내보내셨으며, 돈바꾸는 자들의 잔돈을 쏟으셨으며 상들을 엎으셨습니다.

59 그리고 비둘기들을 파는 자들에게 말씀하셨습니다. "여기서 이것들을 들고가라! 내 아버지의 집을 거래의 집으로 만들지 말아라!"

60 그분의 제자들은 "당신 집의 열정이 나를 먹어버렸다."라고 기록된 것이 기억났습니다.

61 그런즉 유대인들이 대답하였으며 그분께 말했습니다. "이것을 행하시니, 우리에게 무슨 표적을 보여주시겠습니까?" 예수님께서 대답하셨으며 그들에게 말씀하셨습니다. "이 성전을 풀어라! 3일 안에, 내가 그것을 일으킬 것이다."

62 유대인들이 말했습니다. "이 성전은 46년 지어졌는데, 당신이 3일 안에 그것을 일으킬 것입니까?" 그분은 자기 몸의 성전에 대하여 말씀하신 것입니다.

63 그런즉 그분이 죽은 자들에서 일으켜지셨을 때, 그분의 제자들은 그분이 자기들에게 이것을 말씀하신 것이 기억났으며, 성경과 예수님께서 하신 말씀을 믿었습니다.

64 그분이 유월절 곧 명절에 예루살렘에 계시자, 그분이 행하신 그분의 표적들을 지켜보고, 많은 자들이 그분의 이름을 믿었습니다.

65 그러나 예수님, 그분은 자신이 그들을 믿지 않으셨는데, 그분은 모두를 아셨기 때문이며, 누구도 사람에 대하여 증거할 필요를 갖고있지 않았는데, 그분은 사람 안에 무엇이 있는지를 아셨기 때문입니다.

3장

66절~130절 [개역개정, KJV 3:1~4:42]

거듭남과 구원

3장

NEW
요한복음

66 　바리새인들 중에 한 사람이 있었는데, 그의 이름은 니고데모
　　였으며, 유대인들의 통치자였습니다. 이자가 밤에 예수님에
　　게 왔으며, 그분께 말했습니다. "랍비님! 우리는 선생님이 하
　　나님으로부터 오셨다는 것을 압니다. 만약 하나님이 함께 하
　　시지 않으시면, 당신이 행하시는 이 표적들을 아무도 행할 수
　　없기 때문입니다."

67 　예수님께서 대답하셨으며 그에게 말씀하셨습니다. "진실로
　　진실로 네게 말하는데, 어떤 자도 위로부터 낳아지지 않는
　　다면, 하나님의 왕국을 볼 수 없다."

68 　니고데모가 그분에게 말합니다. "사람이 늙었는데 어떻게 낳
　　아질 수 있습니까? 자기 어머니의 태로 두번째 들어가 낳아
　　질 수 없지 않습니까?" 예수님께서 대답하셨습니다. "진실로
　　진실로 네게 말하는데, 어떤 자도 물과 영으로부터 낳아지

지 않는다면, 하나님의 왕국으로 들어갈 수 없다.

69 육체로부터 낳아진 것은 육체이며, 영으로부터 낳아진 것은 영이다.

70 '너희가 위로부터 낳아져야 한다.'라고 네게 말한 것을, 너는 기이히여기지 않으리라.

71 원하는 곳으로 부는 영! 너는 그 음성을 듣지만, 다만 어디서 오며 어디로 가는지는 알지 못하니, 영으로부터 낳아진 자가 모두 이같다."

72 니고데모가 대답하였으며 그분께 말했습니다. "이것이 어떻게 될 수 있습니까?" 예수님께서 대답하셨으며 그에게 말씀하셨습니다. "너는 이스라엘의 선생인데, 이것을 알지 못하느냐? 진실로 진실로 네게 말하는데, 우리는 아는 것을 애기하고 본 것을 증거한다. 그러나 너희는 우리들의 증거를 받지 않는다.

73 내가 너희에게 땅의 것들을 말하여도 믿지 않는다면, 만약 내가 너희에게 하늘위의 것들을 말한다면 어떻게 믿을 것인가? 하늘에서 내려온 자, 곧 하늘에 있는 사람의 아들 외에는, 아무도 하늘로 올라가지 않았다.

74 모세가 광야에서 뱀을 높인 것처럼, 사람의 아들도 이같이 높아져야 하는데, 그분을 믿는 자가 모두 멸망치 않고, 다만 영원한 생명을 갖기 위함이다.

75 하나님이 세상을 이같이 사랑하셨으므로, 자신의 독생하신 아들을 주셨는데, 그분을 믿는 자가 모두 멸망치 않고, 다만 영원한 생명을 갖기 위함이다.

76 하나님께서 세상을 심판하려고 자신의 아들을 세상에 보내신 것이 아니라, 다만 그분을 통해 세상이 구원받기 위함이기 때문이다.

77 그분을 믿는 자는 심판받지 않는다. 믿지 않는 자는, 하나님의 독생하신 아들의 이름을 믿지 않았기에, 이미 심판받은 것이다.

78 이것이 심판이니, 빛이 세상에 왔으나, 사람들은 빛보다 어두움을 더욱 사랑한 것이다. 자기들의 행위들이 악하기 때문이다.

79 악한 것들을 하는 자가 모두 빛을 미워하며, 빛에게 오지 않는데, 자기 행위들이 책망받지 않기 위함이다. 진리를 행하는 자는 빛에게 오는데, 하나님 안에서 일해지고 있는 자기

행위들이 공개되기 위함이다."

80 이 후, 예수님과 그분의 제자들은 유대 땅으로 갔습니다.

81 거기서 그들과 함께 거하셨으며 세례주셨습니다.

82 거기 물들이 많기에, 요한도 살렘 가까운 애논에서 세례주고 있었습니다. 사람들이 와서 세례받았습니다.

83 요한이 아직 감옥으로 던져지지 않았기 때문입니다.

84 그런즉 요한의 제자들 중의 일부가 유대인들과 함께 정결에 대하여 변론이 되었습니다. 그들이 요한에게 와서 그에게 말했습니다. "랍비님! 요단 건너 당신과 함께 계셨던 분, 곧 당신이 증거하셨던 분, 오호! 이분이 세례주시는데, 모든 자들이 그분에게 갑니다."

85 요한이 대답하였으며 말했습니다. "만약 하늘에서 그분에게 주어지지 않는다면, 사람은 어떤 것도 받을 수 없다.

86 나는 그리스도가 아니며, 다만 그분 앞에 보내어진 자라고 내가 말한 것을, 너희 자신들이 내게 증거하는 것이다.

87 신부를 가지는 자는 신랑이다. 신랑의 친구, 곧 서서 그분에게 듣는 자는, 신랑의 음성 때문에 기쁨으로 기뻐한다. 그런즉 나의 이 기쁨이 성취되었다.

88 그분은 커져야 하며, 나는 미달해야 한다."

89 위로부터 오시는 분은 모든 것 위쪽에 계십니다. 땅으로부터 있는 자는 땅으로부터 있기에, 땅으로부터 얘기합니다. 하늘로부터 오시는 분은 모든 것 위쪽에 계시며, 보고 들으신 것을 증거하시지만, 아무도 그분의 증거를 받지 않습니다.

90 그분의 증거를 받는 자는, 하나님께서 참되다고 인친 자입니다.

91 하나님이 보내신 분은 하나님의 선포된말씀들을 얘기합니다. 하나님께서 영을 한 분량만 주시지 않기 때문입니다.

92 아버지께서 아들을 사랑하셔서, 모든 것을 그분의 손에 주셨습니다.

93 아들을 믿는 자는 영원한 생명을 가집니다. 아들에게 불순종하는 자는 생명을 보지 못할 것이며, 다만 하나님의 진노가 그에게 머뭅니다.

94 예수님 그분이 세례주신 것이 아니고, 다만 그분의 제자들이 주었으나, 예수님께서 요한보다 더많은 제자들을 만드시고 세례주신다고, 바리새인들이 들었다는 것을 주님께서 아시자, 유대를 버려두셨으며 다시 갈릴리로 가셨습니다.

95 그분은 사마리아를 통해 거쳐가셔야만 했습니다.

96 그런즉 그분은 야곱이 자기 아들 요셉에게 준 토지와 이웃하는, 수가라 하는 사마리아의 한 성으로 오십니다.

97 거기 야곱의 샘이 있었습니다.

98 그런즉 예수님께서는 여정으로 수고하셔서 이같이 샘 위에 앉으셨습니다. 시간은 12시 정도였습니다.

99 사마리아에서 한 여자가 물을 뜨러 옵니다.

100 예수님께서 그녀에게 말씀하십니다. "내게 마시는 것을 주어라!" 그분의 제자들이 음식을 사러 성으로 갔었기 때문입니다.

101 사마리아인 여자가 그분께 말합니다. "당신은 유대인으로서 어떻게 사마리아인 여자인 저에게서 마시는 것을 구합니까?"

유대인들은 사마리아인들과 상종하지 않기 때문입니다.

102 예수님이 대답하셨으며 그녀에게 말씀하셨습니다. "네가 하나님의 선물과 '내게 마시는 것을 주어라!'라고 네게 말하는 자가 누구인지를 알았다면, 너는 그에게 구했을 것이며, 그는 네게 살아있는 물을 주었을 것이다."

103 여자가 그분께 말합니다. "주님! 당신은 물뜨는 것을 갖고있지 않으며, 우물은 깊은데, 그런즉 어디서 살아있는 물을 가집니까? 당신이 우리 아버지 야곱보다 더크지 않지 않습니까? 그가 우리에게 우물을 주었으며, 그와 그의 아들들과 그의 집짐승들도 그것을 마셨습니다."

104 예수님께서 대답하셨으며 그녀에게 말씀하셨습니다. "이 물에서 마시는 자가 모두 다시 목마를 것이다. 그러나 내가 줄 물을 마시는 자마다 결코 영원히 목마르지 않으리라. 다만 내가 그에게 줄 물은, 그 안에서, 영원한 생명으로 솟아나는 물의 샘이 될 것이다."

105 여자가 그분에게 말합니다. "주님! 제가 목마르지도 않고 여기로 물뜨러 오지도 않게, 이 물을 제게 주십시오!"

106 예수님께서 그녀에게 말씀하십니다. "가라! 네 남자를 소리

내어불러라! 그리고 여기로 와라!"

107 여자가 대답하였으며 말했습니다. "저는 남자를 갖고있지 않습니다."

108 예수님께서 그녀에게 말씀하십니다. "'저는 남자를 갖고있지 않습니다.'라고 네가 좋게 말했다. 5명의 남자를 갖고있었으며, 지금 갖고있는 자도 네 남자가 아니기 때문이다.

109 네가 이것을 참되게 권고했다."

110 여자가 그분께 말합니다. "주님! 제가 지켜보는데, 당신은 선지자이십니다.

111 우리 아버지들은 이 산에서 예배하였습니다. 당신들은 예배해야 할 장소가 예루살렘에 있다고 말합니다."

112 예수님께서 그녀에게 말씀하십니다. "여자여! 나를 믿어라! 이 산에서도 아니고 예루살렘에서도 아니고, 아버지께 예배할 시간이 온다.

113 너희는 알지 못하는 것을 예배한다. 우리는 아는 것을 예배한다. 구원은 유대인들 중에 있다.

114 다만 참 예배자들이 영과 진리 안에서 아버지께 예배할 시간이 오는데, 지금이다. 아버지께서는 자기에게 예배하는 이런자들을 찾으시기 때문이다.

115 하나님은 영이시다. 그분께 예배하는 자들은 영과 진리 안에서 예배해야 한다.”

116 여자가 그분께 말합니다. “저는 메시야 곧 그리스도라 하는 분이 오신다는 것을 아는데, 그분이 오실 때, 모든 것을 우리에게 보고하실 것입니다.”

117 예수님께서 그녀에게 말씀하십니다. “너와 얘기하는 내가 그다.”

118 이 무렵, 그분의 제자들이 왔으며, 그분이 여자와 얘기하시는 것을 기이히여겼습니다. 하지만 아무도 “당신은 누구를 찾으십니까?” 또는 “왜 당신은 그녀와 얘기하십니까?”라고 말하지 않았습니다.

119 그런즉 여자는 자신의 물항아리를 버려두었으며, 성으로 갔으며 사람들에게 말합니다. “와서, 내가 행한 모든 것을 내게 말한 사람을 보십시오! 이분이 그리스도가 아니시겠습니까?”

120 그들이 성에서 나왔으며 그분에게 왔습니다.

121 그 사이에, 제자들이 말하기를, "랍비님! 잡수십시오!"라고 그분께 요구하여물었습니다.

122 그러자 그분이 그들에게 말씀하셨습니다. "나는 너희가 알지 못하는 먹는 먹는것을 갖고있다."

123 그런즉 제자들이 서로 말했습니다. "누가 그분께 먹는 것을 가져오지 않았지?" 예수님께서 그들에게 말씀하십니다. "나의 양식은 나를 보내신 분의 뜻을 행하며, 그분의 행위를 온전케하는 것이다.

124 너희는, '아직 4개월이 있고 추수가 온다.'라고 말하지 않느냐? 오! 너희에게 말하는데, 너희 눈을 들어라! 그리고 지방들을 눈여겨보아라! 이미 추수하게 하얗다.

125 추수하는 자가 보상을 받으며, 영원한 생명에 이르는 열매를 모은다. 씨뿌리는 자가 추수하는 자와 같이 기뻐하기 위함이다.

126 이래서, '다른 한 명은 씨뿌리는 자이며, 다른 한 명은 추수하는 자'라는 말이 참되다.

127 나는 너희가 수고하지 않은 것을 추수하라고 너희를 보냈
다. 다른 자들이 수고하였으며, 너희는 그들의 수고에 들어
갔다."

128 그 성에서, 사마리아인들 중 많은 자들이 그분을 믿었는데,
"그분은 내가 행한 모든 것을 내게 말했습니다."라고 증거한
여자의 말 때문이었습니다.

129 그런즉 사마리아인들이 그분에게 오자, 자기들과 머무시기를
그분에게 요구하여물었으며, 그분은 거기서 2일을 머무셨습
니다.

130 많은 더많은 자들은 그분의 말씀 때문에 믿었으며, 여자에게
말했습니다. "우리는 당신의 얘기 때문에 믿는 것이 아닙니
다. 우리가 들었으며, 이분이 참으로 세상의 구원자 곧 그리
스도이신 것을 알았기 때문입니다."

장

131절~241절 [개역개정, KJV 4:43~6:71]

영생의 빵이신 예수님

4장

NEW
요한복음

131 2일 후, 그분은 거기를 나오셨으며, 갈릴리로 가셨습니다.

132 선지자는 자기자신의 고향에서 존경을 갖지 못한다고, 예수님 그분이 증거하셨기 때문입니다.

133 그런즉 그분이 갈릴리로 오셨을 때, 그분이 명절에 예루살렘에서 행하셨던 모든 것을 본 갈릴리인들이 그분을 영접하였는데, 그들도 명절에 갔었기 때문입니다.

134 예수님께서 물을 포도주로 만드셨던 갈릴리의 가나에 다시 오셨습니다.

135 어떤 왕족이 있었는데, 그의 아들이 가버나움에서 병들었습니다.

136 이자는 예수님께서 유대에서 갈릴리로 오신다고 듣고 그분에게 갔으며, 내려가셔서 자기 아들을 낫게하실 것을 그분에게 요구하여물었는데, 그가 죽게 될 것이기 때문입니다.

137 그런즉 예수님께서 그에게 말씀하셨습니다. "만약 너희가 표적들과 이적들을 보지 않는다면, 결코 믿지 않으리라."

138 왕족이 그분에게 말합니다. "주님! 제 아이가 죽기 전에 내려가주십시오!" 예수님께서 그에게 말씀하십니다. "가라! 네 아들이 살아있다."

139 그 사람은 예수님께서 자기에게 하신 말씀을 믿었으며 갔습니다.

140 이미 그가 내려가는데, 그의 종들이 그를 만났으며 말하기를, "당신의 아이가 살아있습니다."라고 전했습니다.

141 그런즉 그가 그들에게, 그가 더개선됨을 가진 시간을 질문했습니다.

142 그들이 그에게 말했습니다. "어제 13시에, 열병이 그를 버려두었습니다."

143 그런즉 아버지는 예수님께서 자기에게 "네 아들이 살아있다."라고 그 시간에 말씀하신 것을 알았습니다.

144 그와 그의 온 집이 믿었습니다.

145 예수님께서 유대에서 갈릴리로 오셔서, 다시 이 두번째 표적을 행하신 것입니다.

146 이 후, 유대인들의 명절이 있었으며, 예수님께서 예루살렘으로 올라가셨습니다.

147 그리고 예루살렘에 양문 옆에 5개의 행각을 갖고있는 히브리어로 '베데스다'라 칭해지는 연못이 있습니다.

148 이 안에, 병든 자들의 많은 무리 곧 눈먼 자들, 저는 자들, 마른 자들이 물의 움직임을 고대하며 기대어누워있었습니다.

149 천사가 때를 따라 연못 안에 내려가 물을 요동하게하였습니다. 그런즉 물의 요동 후에 먼저 오르는 자가, 어떤 질병으로 차지되었든지 온전하게 되었기 때문입니다.

150 거기 38년 연약함을 갖고있는 어떤 사람이 있었습니다.

151 예수님께서는 이자가 기대어누워있는 것을 보시고, 이미 많은 동안 갖고있는 것을 아시고, 그에게 말씀하십니다. "온전하게 되기를 원하느냐?" 병든 자가 그분께 대답했습니다. "주님! 물이 요동할 때 저를 연못으로 넣을 사람을 갖고있지 않습니다. 제가 가는데, 다른 자가 제 전에 내려갑니다."

152 예수님께서 그에게 말씀하십니다. "일으켜져라! 네 요를 들고가라! 그리고 걸어다녀라!" 곧바로 그 사람이 온전하게 되었으며, 그의 요를 들고갔으며, 걸어다녔습니다. 그러나 그 날은 안식일이었습니다.

153 그런즉 유대인들이 고침받은 자에게 말했습니다. "안식일이다. 요를 들고가는 것은 네게 옳지 않다."

154 그가 그들에게 대답했습니다. "나를 온전하게 만든 분, 그분이 내게 '네 요를 들고가라! 그리고 걸어다녀라!'라고 말씀하셨다."

155 그런즉 그들이 그에게 요구하여물었습니다. "네게 '네 요를 들고가라! 그리고 걸어다녀라!'라고 말한 사람이 누구냐?" 그러나 나음받은 자는 그분이 누구신지를 알지 못했습니다. 그 장소에 군중이 있어서, 예수님께서 물러나셨기 때문입니다.

156   이 후, 예수님께서 성전에서 그를 발견하여, 그에게 말씀하셨습니다. "오호! 네가 온전하게 되었다. 너에게 더심한 무엇이 생기지 않도록, 더이상 범죄하지 말아라!"

157   그 사람은 가서, 예수님이 자기를 온전하게 만든 분이라고 유대인들에게 보고하였습니다.

158   이러므로, 유대인들이 예수님을 핍박하였으며, 안식일에 이것을 행하셨다고, 그분을 죽이려 하였습니다.

159   그러나 예수님께서 그들에게 대답하셨습니다. "내 아버지께서 지금까지 일하시니, 나도 일한다."

160   이러므로 유대인들이 더욱 그분을 죽이려 하였는데, 안식일을 풀 뿐만 아니라, 다만 하나님을 자기자신의 아버지라고 말하여, 자신을 하나님과 똑같게 만든 것입니다.

161   그런즉 예수님께서 대답하셨으며 그들에게 말씀하셨습니다. "진실로 진실로 너희에게 말하는데, 만약 아버지가 무엇을 행하시는지 보지 않는다면, 아들은 스스로 어떤 것도 행할 수 없다. 그분이 행하시는 것마다, 이것들을 아들도 비슷하게 행하기 때문이다.

162 아버지는 아들을 좋아하시고, 자신이 행하시는 것들을 모두 그에게 보여주시며, 너희가 기이히여기게 하기 위하여, 그분은 이 행위들보다 더큰 행위들을 그에게 보여주실 것이기 때문이다.

163 아버지께서 죽은 자들을 일으키시고 살리시는 것처럼, 이같이 아들도 자신이 원하는 자들을 살린다.

164 아버지께서는 아무도 심판하지 않으시고, 다만 아들에게 모든 심판을 주셨으니, 모든 자들이 아버지를 공경하는 것처럼 아들을 공경하게 하기 위함이다.

165 아들을 공경하지 않는 자는 그를 보내신 아버지를 공경하지 않는 것이다.

166 진실로 진실로 너희에게 말하는데, 내 말씀을 듣고, 나를 보내신 분을 믿는 자는 영원한 생명을 가지며, 심판이 오지 않으며, 다만 죽음에서 생명으로 옮겨갔다.

167 진실로 진실로 너희에게 말하는데, 죽은 자들이 하나님의 아들의 음성을 들을 시간이 오는데 지금이며, 듣는 자들은 살 것이다.

168 아버지께서 자신 안에 생명을 갖고있는 것처럼, 이같이 아들에게도 자신 안에 생명을 갖도록 주셨다.

169 그는 사람의 아들이기에, 그분이 그에게 심판도 행하는 권세를 주셨다.

170 무덤에 있는 모두가 그의 음성을 들을 시간이 오는데, 선한 일들을 행한 자들은 생명의 부활로, 악한 일들을 하는 자들은 심판의 부활로 나올 것이니, 이것을 기이히여기지 말아라!

171 나는 나스스로 어떤 것도 행할 수 없다. 나는 듣는 그대로 심판하며, 나의 뜻을 찾지 않고 다만 나를 보내신 아버지의 뜻을 찾으니 나의 심판은 의롭다.

172 만약 내가 나자신에 대하여 증거한다면, 내 증거는 참되지 않다.

173 나에 대하여 증거하는 다른 자가 있는데, 나에 대하여 증거하는 증거가 참되다는 것을 내가 안다.

174 너희가 요한에게 사람보내었으며, 그가 진리를 증거하였다. 나는 사람에게서 증거를 받지 않지만, 다만 너희가 구원받

기 위하여 이것을 말한다.

175   그는 켜져서 나타내는 등잔이었으며, 한 시간 너희가 그 빛 안에서 즐거워하기를 원했다.

176   그러나 나는 요한보다 더큰 증거를 갖고 있다. 아버지께서 내게 온전케하라고 주신 행위들, 곧 내가 행하는 그 행위들, 그것들이 아버지께서 나를 보내셨다고 나에 대하여 증거하기 때문이다.

177   그리고 나를 보내신 분 아버지, 그분이 나에 대하여 증거하셨다.

178   너희는 언제고 그분의 음성을 듣지도 못했으며, 그분의 모습을 보지도 못했다.

179   그분이 보내신 자, 이자를 너희가 믿지 않기에, 너희는 그분의 말씀을 너희 안에 머무르게 갖고있지 않다.

180   너희는 성경에서 영원한 생명을 갖는다고 생각하고, 그것을 상고하는데, 그것이 나에 대하여 증거하는 것이다. 그러나 너희는 생명을 가지려고 나에게 오기를 원치 않는다.

181 나는 사람들에게서 영광을 받지 않는다. 다만 내가 너희를 아는데, 너희는 자신 안에 하나님의 사랑을 갖고 있지 않다.

182 내가 내 아버지의 이름으로 왔으나, 너희는 나를 받지 않는다. 만약 다른 자가 자기자신의 이름으로 온다면, 너희는 그를 받을 것이다.

183 너희가 서로에게 영광을 받으며 오직 하나님에게서의 영광은 찾지 않는데, 어떻게 나를 믿을 수 있느냐? 내가 너희를 아버지께 고소할 것이라고 생각하지 말아라! 너희를 고소하는 자가 있는데, 너희가 소망하는 모세다.

184 너희가 모세를 믿었다면, 나를 믿었을 것이기 때문이다. 그가 나에 대하여 기록하였기 때문이다.

185 너희가 그의 글자를 믿지 않는다면, 어떻게 우리의 선포된 말씀을 믿을 것인가?"

186 이 후, 예수님께서는 디베랴의 갈릴리의 바다 건너로 가셨습니다. 많은 군중은 그분이 병든 자들에게 행하시는 그분의 표적들을 보았기에 그분을 따랐습니다.

187 예수님께서 산으로 위로가셨으며, 자기 제자들과 함께 거기

앉으셨습니다.

188 유대인들의 명절, 유월절이 가까이 있었습니다.

189 예수님께서 눈을 들어, 많은 군중이 자기에게 오는 것을 눈여겨보시고, 빌립에게 말씀하십니다. "어디서 이들을 먹일 빵을 우리가 사겠느냐?" 그분은 그를 시험하시려고 이것을 말씀하셨습니다. 그가 무엇을 행하게 될지 그분은 아셨기 때문입니다.

190 빌립이 그분께 대답했습니다. "그들 각각이 쪼금 일부를 받기 위하여도, 그들에게 200데나리온의 빵이 족하지 않습니다."

191 그분의 제자들 중 한 명 곧 시몬 베드로의 형제 안드레가 그분께 말합니다. "여기 한 어린이가 있고, 그가 5개의 보리 빵과 2마리의 먹을생선을 갖고있습니다. 다만 이것이 이만한 자들에게 얼마나 되겠습니까?"

192 예수님께서 말씀하셨습니다. "사람들을 비스듬히앉게 해라!"

193 그 장소에는 많은 풀이 있었습니다.

194 그런즉 숫자가 5,000명 정도의 남자들이 비스듬히앉았습니다.

195 예수님께서는 빵을 받으셨으며, 감사드리고 제자들에게 다주셨으며, 제자들도 앉아식사하는 자들에게 다주었습니다. 먹을생선에서도 그들이 원하는 만큼, 비슷하게 하셨습니다.

196 그들이 만족되어지자, 그분이 자기 제자들에게 말씀하십니다. "어떤 것도 멸망하지 않도록, 남은 조각들을 모아라!"

197 그런즉 그들이 모았으며, 5개의 보리 빵에서 받아먹은 자들에게서 남은 조각들을 12바구니에 채웠습니다.

198 그런즉 사람들은 예수님께서 행하신 그분의 표적을 보고 말했습니다. "이분은 참으로 세상에 오시는 선지자이시다."

199 예수님께서는, 그들이 자기를 왕으로 만들기 위하여, 와서 자기를 빼앗게 될 것을 아시고, 혼자 다시 산으로 물러가셨습니다.

200 저물게 되자, 그분의 제자들은 바다에 내려갔으며, 배에 올라 바다 건너 가버나움으로 갔습니다.

201 이미 어둠이 있게되었었으나, 예수님은 그들에게 오시지 않았었으며, 큰 바람이 불어 바다가 깨어났습니다.

202 그런즉 그들은 약 4.6Km 또는 5.5Km를 밀려가다가, 예수님께서 바다를 걸으시며 배에 가까이 있게되시는 것을 지켜보고, 두려워하였습니다.

203 그러자 그분이 그들에게 말씀하십니다. "나다. 너희는 두려워하지 말아라!"

204 그런즉 그들은 배에 그분을 받는 것을 원하였으며, 곧바로 배는 그들이 가는 땅에 있게되었습니다.

205 다음날, 바다 건너 서있던 군중은, 그분의 제자들이 올랐던 그 한 척 외에 거기 다른 작은배가 없는 것과, 예수님께서 자기 제자들과 그 작은배에 함께들어가시지 않고 다만 그분의 제자들만 간 것을 보았는데, 디베랴에서 다른 배들이 주님께서 감사하시고 빵을 먹던 장소 가까이 왔습니다. 그런즉 거기 예수님도 없으시고 그분의 제자들도 없는 것을 보았을 때, 그들도 배들에 올랐으며, 예수님을 찾으러 가버나움으로 갔습니다.

206 그들은 바다 건너 그분을 발견하고, 그분께 말했습니다. "랍비님! 언제 여기 있게되셨습니까?" 예수님께서 그들에게 대

답하셨으며 말씀하셨습니다. "진실로 진실로 너희에게 말하는데, 너희가 나를 찾는 것은, 표적을 보아서가 아니라, 다만 빵을 먹고 배불러서이다.

207 멸망시키는 먹는것에 일하지 말아라! 다만 사람의 아들이 너희에게 줄, 영원한 생명으로 머물게하는 먹는것에 일해라! 이자를 아버지 하나님께서 인치셨기 때문이다."

208 그런즉 그들이 그분에게 말했습니다. "우리가 하나님의 행위들을 일하기 위하여, 무엇을 행합니까?" 예수님께서 대답하셨으며 그들에게 말씀하셨습니다. "이것이 하나님의 행위인데, 그분이 보내신 자를 믿는 것이다."

209 그런즉 그들이 그분께 말했습니다. "그런즉 우리가 보고 당신을 믿기 위하여, 당신은 무슨 표적을 행하십니까? 당신은 무엇을 일하십니까? '그분이 그들을 먹이시려고 하늘에서 빵을 주셨다.'라고 기록된 것처럼, 우리 아버지들은 광야에서 만나를 먹었습니다."

210 그런즉 예수님께서 그들에게 말씀하셨습니다. "진실로 진실로 너희에게 말하는데, 모세가 하늘에서 빵을 너희에게 준 것이 아니라, 다만 내 아버지께서 참 하늘에서 빵을 너희에게 주신다.

211 하나님의 빵은 하늘에서 내려와, 세상에게 주는 생명이다."

212 그런즉 그들이 그분에게 말했습니다. "주님! 항상 우리에게 이 빵을 주십시오!"

213 예수님께서 그들에게 말씀하셨습니다. "나는 생명의 빵이다. 내게 오는 자는 결코 배고프지 않을 것이다. 나를 믿는 자는 결코 언제고 목마르지 않을 것이다.

214 다만 너희가 나를 보았으나 믿지 않는다고 내가 너희에게 말했다.

215 아버지께서 내게 주시는 자 모두가 내게 올 것이다. 내게 오는 자는 결코 밖에 내보내지 않으리라. 내가 하늘에서 내려온 것은, 내 뜻을 행하기 위함이 아니요, 다만 나를 보내신 분의 뜻을 행하기 위함이다.

216 이것이 나를 보내신 아버지의 뜻인데, 내게 주신 자 그들 모두를 멸망시키지 않고, 다만 마지막 날에 그를 일어나게하는 것이다.

217 이것이 나를 보내신 분의 뜻인데, 아들을 지켜보고 그를 믿는 자 모두 영원한 생명을 갖는 것이며, 내가 마지막 날 그

를 일어나게할 것이다."

218 그런즉 "나는 하늘에서 내려온 빵이다."라고 그분이 말씀하셨기에, 유대인들이 그분에 대하여 원망하였습니다.

219 그들이 말했습니다. "우리가 그분의 아버지와 어머니를 아는데, 이분은 요셉의 아들 예수님이 아닌가? 그런즉 어떻게 이분이 '내가 하늘에서 내려왔다.'라고 말하는가?"

220 그런즉 예수님께서 대답하셨으며 그들에게 말씀하셨습니다. "너희끼리 원망하지 말아라!

221 나를 보내신 아버지께서 그를 끌어당기지 않는다면, 아무도 나에게 올 수 없으며, 마지막 날 내가 그를 일어나게 할 것이다.

222 '모두가 하나님에게서 가르쳐질 것이다.'라고 선지자들에 기록되어 있다.

223 그런즉 아버지에게서 듣고 배운 자가 모두 나에게 온다. 하나님에게 있는 자 외에는, 어떤 자도 아버지를 본 것이 아니며, 하나님에게 있는 자는 아버지를 보았다.

224 진실로 진실로 너희에게 말하는데, 나를 믿는 자는 영원한 생명을 가진다.

225 나는 생명의 빵이다.

226 너희 아버지들은 광야에서 만나를 먹었지만 죽었다. 이자는 하늘에서 내려오는 빵이니, 그것을 먹는 어떤 자도 죽지 않기 위함이다.

227 나는 하늘에서 내려오는 살아있는 빵이다. 만약 어떤 자가 이 빵을 먹는다면 영원히 살 것이다.

228 내가 줄 빵은, 내가 세상의 생명을 위하여 줄 내 육체이다.”

229 **그런즉 유대인들은, “이분이 어떻게 우리에게 육체를 주어 먹게 할 수 있는가?”라고 말하며 서로 싸웠습니다. 그런즉 예수님께서 그들에게 말씀하셨습니다.** “진실로 진실로 너희에게 말하는데, 만약 사람의 아들의 육체를 먹지 않고 그의 피를 마시지 않는다면, 자신 안에 생명을 갖지 못한다.

230 내 육체를 먹어연합하고 내 피를 마시는 자는 영원한 생명을 가지며, 내가 마지막 날 그를 일어나게할 것이다. 내 육체는 참으로 먹는것이며, 내 피는 참으로 음료이다.

231 내 육체를 먹어연합하고 내 피를 마시는 자는 내 안에 머물며 나도 그 안에 머문다.

232 살아계신 아버지께서 나를 보내신 것처럼, 나도 아버지 때문에 살아있다. 나를 먹어연합하는 자, 그도 나 때문에 살아있을 것이다.

233 이자는 하늘에서 내려오는 빵이다. 너희 아버지들이 만나를 먹었으나 죽은 것과 달리, 이 빵을 먹어연합하는 자는 영원히 살아있을 것이다.”

234 그분은 가버나움, 회당에서 가르치시면서 이것을 말씀하셨습니다.

235 그런즉 그분의 제자들 중에 많은 자들이 듣고 말했습니다. “이 말씀은 꺾이지 않는다. 누가 그것을 들을 수 있는가?” 그러자 예수님께서는 자기 제자들이 이것에 대하여 원망하는 것을 속으로 아시고 그들에게 말씀하셨습니다. “이것이 너희를 실족게 하느냐? 그런즉 만약 사람의 아들이 이전에 있던 곳으로 올라가는 것을 지켜본다면 어찌하겠느냐? 영은 살리는 것이며, 육체는 어떤 것도 유익하지 않다. 내가 너희에게 얘기하는 선포된말씀은 영이며 생명이다.

236 다만 너희 중에 믿지 않는 어떤 자들이 있다."

237 예수님께서는 믿지 않는 자들이 누군지, 자신을 넘겨줄 자가 누구인지를 처음부터 아셨기 때문입니다.

238 그분이 말씀하셨습니다. "이러므로 만약 내 아버지에게서 나에게 주어지지 않는다면, 아무도 나에게 올 수 없다고, 내가 너희에게 권고했다."

239 이것으로, 그분의 제자들 중 많은 자들이 뒤로 갔으며, 더이상 그분과 함께 걷지 않았습니다.

240 그런즉 예수님께서 열둘에게 말씀하셨습니다. "너희도 가기를 원하지 않느냐?" 그런즉 시몬 베드로가 그분께 대답하였습니다. "주님! 우리가 누구에게 갈 것입니까? 당신은 영원한 생명의 선포된말씀을 갖고계십니다. 당신은 살아계시는, 하나님의 아들, 그리스도이신 것을, 우리가 믿으며 압니다."

241 예수님께서 그들에게 대답하셨습니다. "내가 너희 열둘을 택하지 않았느냐? 너희 중에 한 명은 마귀이다." 그분은 시몬의 아들 유다 가룟을 말씀하신 것입니다. 이자는 열둘 중 한 명이며, 그분을 넘겨주게 될 자였기 때문입니다.

5장

242절~330절 [개역개정, KJV 7:1~8:59]

영생의 빛이신 예수님

5장

NEW
요한복음

242 예수님께서는 이 후에 갈릴리에서 걸어다니셨습니다. 유대인들이 그분을 죽이려 하였기에, 유대에서 걸어다니기를 원치 않으셨기 때문입니다.

243 유대인들의 명절인 성막절이 가까이 있었습니다.

244 그런즉 그분의 형제들이 그분에게 말했습니다. "당신의 제자들도 당신이 행하시는 행위들을 지켜보게하기 위해, 여기서 옮겨가십시오! 유대로 가십시오! 아무도 무엇을 행하는데 은밀하지 않으며, 밝히드려내기를 그가 찾기 때문입니다. 당신이 이것들을 행하신다면, 자신을 세상에 공개하십시오!"

245 그분의 형제들도 그분을 믿지 않았기 때문입니다.

246 그런즉 예수님께서 그들에게 말씀하십니다. "나의 때가 아직

있지 않다. 그러나 너희의 때는 항상 준비되어 있다.

247 세상이 너희를 미워할 수 없다. 그러나 세상의 행위들이 악하다고 내가 세상에 대하여 증거하기에, 세상은 나를 미워한다.

248 너희는 이 명절에 올라가라! 나의 때가 아직 성취되지 않았기에, 나는 아직 이 명절에 올라가지 않는다."

249 그분은 이것을 그들에게 말씀하시고 갈릴리에 머무셨습니다.

250 그러나 그분의 형제들이 올라가자, 그때 그분도 공개적이지 않고 다만 은밀한 중에 명절에 올라가셨습니다.

251 유대인들이 명절에 그분을 찾았으며 말했습니다. "그분이 어디 계시냐?" 그분에 대한 많은 원망이 군중들 안에 있었습니다. 일부는 "그분은 선하시다."라고 말했습니다. 다른 자들은 "아니다! 다만 그분은 군중을 미혹한다."라고 말했습니다.

252 하지만 유대인들에의 두려움 때문에, 아무도 그분에 대하여 밝히드러냄으로 얘기하지 않았습니다.

253 이미 명절이 중간이되어, 예수님께서 성전으로 올라가셨으며

가르치셨습니다.

254 유대인들은, "이분은 배우지 않았는데 어떻게 글자를 아실까?"라고 말하며 기이히여겼습니다. 예수님께서 그들에게 대답하셨으며 말씀하셨습니다. "나의 가르침은 나의 것이 아니라, 다만 나를 보내신 분의 것이다. 만약 누가 그분의 뜻을 행하기를 원한다면, 하나님으로부터 있는 가르침인지 아니면 나스스로 얘기하는 가르침인지를 알 것이다.

255 스스로 얘기하는 자는 자기자신의 영광을 찾는다. 그러나 자기를 보내신 분의 영광을 찾는 자, 이자는 참되며 그 안에 불의가 없다.

256 모세가 너희에게 율법을 주지 않았느냐? 너희 중에 아무도 율법을 행하지 않는다. 왜 나를 죽이려 하느냐?"

257 군중이 대답하였으며 말했습니다. "당신은 귀신을 갖고있습니다. 누가 당신을 죽이려 합니까?" 예수님께서 대답하셨으며 그들에게 말씀하셨습니다. "내가 한 가지 행위를 행하였는데, 너희가 모든 것들을 기이히여긴다.

258 이러므로 모세가 너희에게 할례를 주었는데, 그것이 모세로부터 있는 것이 아니라, 다만 아버지들로부터 있다. 너희는

안식일에도 사람에게 할례한다.

259 모세의 율법이 풀려지지 않도록, 사람이 안식일에 할례를 받는다면, 내가 안식일에 전체의 사람을 온전하게 만들기에, 너희가 내게 노여워하느냐? 너희는 외모를 따라 심판하지 말아라! 다만 너희는 의로운 심판으로 심판해라!"

260 그런즉 예루살렘인들 중에 어떤 자들이 말했습니다. "이분은 그들이 죽이려고 하는 자가 아닌가? 오호! 그분이 밝히드러냄으로 얘기하시지만, 아무도 그분께 말하지 못한다.

261 참으로 통치자들은, 이분이 참으로 그리스도라고, 아는 것이 아닌가? 다만 우리는 이분이 어디에 계신지를 안다. 그리스도께서 오실 때, 어디에 계시는지 아무도 알지 못한다."

262 그런즉 예수님께서 성전에서 가르치시면서 소리질러 말씀하셨습니다. "너희는 나도 알며, 내가 어디에 있는지도 안다. 나는 나스스로 온 것이 아니다. 다만 나를 보내신 분 곧 너희가 알지 못하는 분은 참되시다. 내가 그분에게 있으며 그분이 나를 보내셨기에, 나는 그분을 안다."

263 그런즉 그들이 그분을 잡아들이려 하였으나, 아직 그분의 시간이 오지 않았기에, 아무도 그분에게 손을 대지 못했습니다.

264 군중 중에 많은 자들이 그분을 믿었으며, 말했습니다. "그리스도께서 오실 때, 이분이 행하신 이것들보다 더많은 표적들을 행하실 것인가?" 바리새인들은 군중이 그분에 대하여 이것을 원망하는 것을 들었으며, 바리새인들과 대제사장들은 그분을 잡아들이려고 사역자들을 보냈습니다.

265 그런즉 예수님께서 그들에게 말씀하셨습니다. "나는 잠시 동안 더 너희와 함께 있다가, 나를 보내신 분에게 간다.

266 너희가 나를 찾을 것이지만 발견하지 못할 것이다. 내가 있는 곳에 너희는 올 수 없다."

267 그런즉 유대인들이 서로 말했습니다. "우리가 그분을 발견하지 못할 것이라니, 이분이 어디로 가시게 되는가? 헬라인들 중 흩어진자에게 가서 헬라인들을 가르치게 되시는가? '나를 찾을 것이나 발견하지 못할 것이다. 내가 있는 곳에 너희는 올 수 없다.'라고 그분이 말씀하신 이 말씀이 무엇인가?"

268 명절 큰 날인 마지막 날에, 예수님께서 서서 소리질러 말씀하셨습니다. "만약 어떤 자가 목마르다면, 나에게 와라! 그리고 마셔라! 나를 믿는 자는, 성경이 말하는 것처럼, 그 배에서 강들이 살아있는 물을 흘러낼 것이다."

269 　이것은 그분을 믿는 자들이 받게 될 영에 대하여 말씀하신 것입니다. 예수님께서 영광받은 적이 없으시기에, 거룩한 영이 아직 계시지 않았기 때문입니다.

270 　그런즉 말씀을 들은 군중 중에 많은 자들이 말했습니다. "이분은 참으로 선지자이시다."

271 　다른 자들은 말했습니다. "이분은 그리스도이시다." 그러나 다른 자들은 말했습니다. "갈릴리에서 그리스도가 오시겠느냐? 다윗의 자손에서, 다윗이 있던 마을 베들레헴에서, 그리스도께서 오신다고, 성경이 말하지 않았느냐?" 그런즉 그분 때문에 군중 안에 갈라짐이 일어났습니다.

272 　그들 중에 어떤 자들은 그분을 잡아들이기를 원했으나, 다만 아무도 그분에게 손을 대지 못했습니다.

273 　그런즉 사역자들이 대제사장들과 바리새인들에게 왔습니다. 그러자 그들이 그들에게 말했습니다. "무엇때문에 그분을 끌고오지 않았느냐?" 사역자들이 대답했습니다. "사람이, 이 사람같이 이같게 얘기한 적이 없었습니다."

274 　그런즉 바리새인들이 그들에게 대답했습니다. "너희도 미혹되었느냐? 통치자들 중에 또는 바리새인들 중에 어떤 자가

그분을 믿었느냐? 다만 율법을 알지 못하는 이 군중은 저주 아래 있다."

275 그들 중에 한 명으로서, 밤에 그분에게 왔던, 니고데모가 그들에게 말합니다. "우리 율법은 이전에 사람에게서 들어보지도 않고, 무엇을 행하는지 알지도 않고서, 그를 심판하느냐?" 그들이 대답하였으며 그에게 말했습니다. "너도 갈릴리 출신이냐? 너는 상고해라! 그리고 보아라! 갈릴리에서는 선지자가 일으켜지지 않았다."

276 각각 자기 집으로 갔습니다.

277 예수님께서는 올리브 산으로 가셨습니다. 새벽에 다시 성전으로 오셨으며, 모든 백성이 그분에게 왔습니다. 그분은 앉으셔서 그들을 가르치셨습니다.

278 서기관들과 바리새인들이 간음 중에 잡아내진 여자를 그분에게 끌고와, 그녀를 한가운데에 세우고, 그분께 말합니다. "선생님! 이 여자가 현장에서 간음되는데 잡아내졌습니다.

279 모세는 율법에서 우리에게 이런자들에게 돌로쳐질 것을 명하였는데, 그런즉 당신은 무엇을 말씀하십니까?" 그들은 그분을 고소할것을 가지려고 그분을 시험하여 이것을 말했습

니다.

280 그러자 예수님께서 아래로 굽히시고, 손가락으로 땅에 기록하셨습니다.

281 그들이 그분께 요구하여묻는데 계속머물자, 그분이 펴서일어나셔서 그들에게 말씀하셨습니다. "너희 중 죄없는자가 먼저 그녀에게 돌을 던져라!"

282 다시 아래로 굽히시고, 땅에 기록하셨습니다.

283 그러자 그들이 듣고, 양심에게서 책망받아, 더어른된 자들부터 시작하여 마지막인 자들까지, 한 명 한 명씩 나갔습니다. 오직 예수님만 남겨지셨으며, 여자는 한가운데 서있었습니다.

284 그러자 예수님께서 펴서일어나셔서, 여자 밖에 아무도 눈여겨보시지 못하시고, 그녀에게 말씀하셨습니다. "여자여! 너의 고소자들, 그들이 어디 있느냐? 아무도 너를 정죄하지 않느냐?" 그러자 그녀가 말했습니다. "아무도 없습니다. 주님!"

285 그러자 예수님께서 그녀에게 말씀하셨습니다. "나도 너를 정죄하지 않는다. 가라! 그리고 더이상 범죄하지 말아라!"

286 그런즉 예수님께서 다시 그들에게 말씀하시기를, "나는 세상의 빛이다. 나를 따르는 자는 결코 어둠에 걸어다니지 않을 것이며, 다만 생명의 빛을 가질 것이다."라고 얘기하셨습니다.

287 그런즉 바리새인들이 그분께 말했습니다. "당신은 자신에 대하여 증거합니다. 당신의 증거는 참되지 않습니다."

288 예수님께서 대답하셨으며 그들에게 말씀하셨습니다. "내가 나자신에 대하여 증거한다해도, 내 증거가 참되니, 나는 어디서 왔으며 어디로 가는지를 알지만, 너희는 어디서 오며 어디로 가는지를 알지 못한다.

289 너희는 육체를 따라 심판한다. 나는 아무도 심판하지 않는다.

290 만약 내가 심판한다해도, 내 심판은 참되다. 나는 나만 있는 것이 아니며, 다만 나 및 나를 보내신 아버지이다.

291 너희 율법에도 두 사람의 증거는 참되다고 기록되었다.

292 나는 나자신에 대하여 증거하는 자이며, 나를 보내신 아버지도 나에 대하여 증거하신다."

293 그런즉 그들이 그분께 말했습니다. "당신의 아버지가 어디 계십니까?" 예수님께서 대답하셨습니다. "너희는 나도 알지도 못하며 내 아버지도 알지 못한다. 너희가 나를 알았더라면, 내 아버지도 알았을 것이다."

294 이 선포된말씀은 예수님께서 성전에서 가르치시면서, 헌금함에서 얘기하신 것입니다. 그분의 시간이 아직 오지 않았기에, 아무도 그분을 잡아들이지 않았습니다.

295 그런즉 예수님께서 다시 그들에게 말씀하셨습니다. "나는 가며, 너희가 나를 찾을 것이지만, 너희는 너희 죄 안에서 죽을 것이다. 내가 가는 곳에 너희는 올 수 없다."

296 그런즉 유대인들이 말했습니다. "'내가 가는 곳에, 너희는 올 수 없다.'라고 말씀하시니, 그분이 자신을 죽이실 것인가?" 그분이 그들에게 말씀하셨습니다. "너희는 아래에 있지만, 나는 위에 있다. 너희는 이 세상에 있지만, 나는 이 세상에 있지 않다.

297 그런즉 나는 너희가 너희 죄들 안에서 죽을 것이라고 너희에게 말했다. 만약 내가 그라는 것을 너희가 믿지 않는다면, 너희는 너희 죄들 안에서 죽을 것이기 때문이다."

298 그들이 그분께 말했습니다. "당신은 누구십니까?" 예수님께서 그들에게 말씀하셨습니다. "어떤 자라고 나도 너희에게 얘기하는데, 나는 처음이다.

299 내가 너희에 대하여 얘기하고 심판할 많은 것들을 갖고있다. 다만 나를 보내신 분은 참되시며, 나도 그분에게서 들은 것들, 이것들을 나는 세상에 말한다."

300 그분이 그들에게 아버지를 말씀하셨다는 것을 그들이 알지 못했습니다. 그런즉 예수님께서 그들에게 말씀하셨습니다. "너희가 사람의 아들을 높일 때, 그때 내가 그라는 것을 알 것이다. 나는 나스스로 어떤 것도 행하지 않으며, 내 아버지께서 내게 가르치신 그대로를 얘기한다.

301 나를 보내신 분은 나와 함께 계신다. 내가 항상 아버지께 기쁘게하는 것들을 행하기에, 그분이 나만 버려두지 않으신다."

302 그분이 이것을 얘기하시니 많은 자들이 그분을 믿었습니다.

303 그런즉 예수님께서는 자기를 믿는 유대인들에게 말씀하셨습니다. "만약 너희가 나의 말씀 안에 머문다면, 참으로 내 제자이다. 너희가 진리를 알 것이고, 진리가 너희를 자유케할

것이다."

304 그들이 그분께 대답했습니다. "우리는 아브라함의 자손이며, 언제고 아무도 섬기지 않았습니다. 어떻게 당신은 '너희가 자유하게 될것이다.'라고 말씀하십니까?"

305 예수님께서 그들에게 대답하셨습니다. "진실로 진실로 너희에게 말하는데, 죄를 행하는 자가 모두 죄의 종이다.

306 종은 영원히 집에 머물지 못한다. 아들은 영원히 머문다.

307 그런즉 만약 아들이 너희를 자유케한다면, 너희는 진짜 자유할 것이다.

308 나는 너희가 아브라함의 자손이라는 것을 안다. 그러나 나의 말씀이 너희 안에 수용되지 않기에 너희가 나를 죽이려 한다.

309 나는 내 아버지에게서 본 것을 얘기한다. 그런즉 너희는 너희 아버지에게서 본 것을 행한다."

310 그들이 대답하였으며 그분께 말했습니다. "우리 아버지는 아브라함입니다." 예수님께서 그들에게 말씀하십니다. "너희가

아브라함의 자녀라면, 아브라함의 행위들을 행하였을 것이다. 지금 너희는, 너희에게 진리를 얘기하며 하나님에게서 들은 사람인, 나를 죽이려 한다. 아브라함은 이것을 행하지 않았다.

311 너희는 너희 아버지의 행위들을 행한다.”

312 그런즉 그들이 그분께 말했습니다. “우리는 음행으로 낳아지지 않았습니다. 우리는 한 분의 아버지를 갖고있는데, 하나님이십니다.”

313 그런즉 예수님께서 그들에게 말씀하셨습니다. “하나님이 너희 아버지라면, 너희는 나를 사랑했을 것이다. 내가 하나님에서 나와서 왔기 때문이다. 나는 나스스로 오지 않았는데, 다만 그분이 나를 보내셨기 때문이다.

314 무엇때문에 내 얘기를 알지 못하느냐? 너희가 내 말을 들을 수 없는 것이다.

315 너희는 마귀 아버지로부터 있으며, 너희 아버지의 욕심들을 행하기를 원한다.

316 그는 처음부터 사람죽이는자였으며, 그 안에 진리가 없기에

진리 안에 서지 못했다.

317   그는 거짓말쟁이이며 그것의 아버지이기에, 거짓을 얘기할 때, 자기자신의 것에서 얘기한다.

318   내가 진리를 말하기에, 너희가 나를 믿지 않는다.

319   너희 중에 누가 나를 죄에 대하여 책망하느냐? 내가 진리를 말한다면, 무엇때문에 너희는 나를 믿지 않느냐? 하나님으로부터 있는 자는 하나님의 선포된말씀을 듣는다. 너희가 하나님으로부터 있지 않기에, 이러므로 너희가 듣지 않는다."

320   그런즉 유대인들이 대답하였으며 그분께 말했습니다. "당신은 사마리아인이며 귀신을 갖고있다고, 우리가 좋게 말하지 않습니까?" 예수님께서 대답하셨습니다. "나는 귀신을 갖고 있지 않으며, 다만 나는 내 아버지를 공경하는데, 너희가 나를 천대한다.

321   나는 내 영광을 찾지 않으니, 찾으며 심판하시는 분이 계신다.

322   진실로 진실로 너희에게 말하는데, 만약 누군가 내 말씀을 지킨다면, 그는 결코 영원히 죽음을 지켜보지 않으리라."

323 그런즉 유대인들이 그분께 말했습니다. "지금 우리는 당신이 귀신을 갖고있다는 것을 압니다.

324 아브라함과 선지자들이 죽었는데, 당신은 '만약 누군가 내 말씀을 지킨다면, 결코 영원히 죽음을 맛보지 않을 것이다.'라고 말합니다.

325 당신이 죽은 우리 아버지 아브라함보다 더크십니까? 선지자들도 죽었습니다. 당신은 당신자신을 누구로 만듭니까?"

326 **예수님께서 대답하셨습니다.** "만약 내가 나자신에게 영광돌린다면, 내 영광은 아무 것도 아니다. 내 아버지 곧, 내게 영광돌리시는 분이 계시는데, 너희가 너희 하나님이라고 말하는 분이시다.

327 너희는 그분을 알지 못하지만, 나는 그분을 안다. 만약 내가 그분을 알지 못한다고 말한다면, 나도 너희와 비슷한 거짓말쟁이일 것이지만, 다만 나는 그분을 알고, 그분의 말씀을 지킨다.

328 너희 아버지 아브라함은 나의 날을 볼 것을 즐거워하였으며, 보았고 기뻐하였다."

329 그런즉 유대인들이 그분에게 말했습니다. "당신은 아직 50
세도 갖지 않는데, 아브라함을 보았습니까?" 예수님께서 그
들에게 말씀하셨습니다. "진실로 진실로 너희에게 말하는데,
아브라함이 생기기 전에 내가 있다."

330 그런즉 그들이 그분에게 던지려고 돌들을 들었으나, 예수님
께서는 감춰지셨으며, 그들 한가운데로 거쳐가셔서 성전에서
나가셨는데, 이같이 지나가신 것입니다.

장

331절~402절 [개역개정, KJV 9:1~10:42]

인류의 유일한 구원자 예수님

6장

NEW
요한복음

331 그분은 지나가시다가, 출생부터 눈먼 사람을 보셨습니다.

332 그분의 제자들이 그분에게 말하기를, "랍비님! 눈멀어서 낳아진 것이, 누가 범죄했습니까? 이자입니까? 아니면 그의 부모입니까?"라고 요구하여물었습니다.

333 예수님께서 대답하셨습니다. "이자도 그의 부모도 범죄한 것이 아니라, 다만 그 안에서 하나님의 행위들이 공개되어지기 위함이다.

334 나는 낮까지는 나를 보내신 분의 행위들을 일해야 한다. 아무도 일할 수 없는 밤이 온다.

335 내가 세상에 있는 때, 나는 세상의 빛이다."

336 이것을 말씀하시고, 땅가까이 침뱉으셨으며, 침으로 진흙을 만드셨으며, 눈먼 자의 양눈에 진흙을 얹어바르셨습니다. 그리고 그에게 말씀하셨습니다. "가라! 실로암의 연못에서 씻어라!" (실로암은 '보내지다'라고 통역됩니다)

337 그런즉 그가 갔으며 씻었으며, 보면서 왔습니다.

338 그런즉 지인들과, 눈멀었던 이전의 그를 지켜본 자들이 말했습니다. "이자는 앉아서 구제구하던 자가 아니냐?" 다른 자들이 "이자다."라고, 다른 자들은 "그와 비슷하다."라고 말했습니다.

339 그런즉 그자가 말했습니다. "내가 그입니다."

340 그런즉 그들이 그에게 말했습니다. "네 양눈이 어떻게 열려졌느냐?" 그자가 대답하였으며 말했습니다. "예수라 하는 사람이 진흙을 만들었으며 내 양눈에 얹어발랐으며, 내게 '실로암의 연못으로 가라! 그리고 씻어라!'라고 말씀하셨습니다.

341 그래서 가서 씻고 올려보았습니다."

342 그런즉 그들이 그에게 말했습니다. "그분이 어디 계시냐?" 그가 말합니다. "나는 알지 못합니다."

343 그들은 언제라도 눈먼 자였던 그를 바리새인들에게 끌고갑니다.

344 그러나 예수님께서 진흙을 만들어 그의 양눈을 여신 때는 안식일이었습니다.

345 그런즉 바리새인들도 어떻게 그가 보는지 그에게 다시 물었습니다.

346 그러자 그가 그들에게 말했습니다. "그분이 내 양눈에 진흙을 얹으셨으며, 나는 씻었고, 봅니다."

347 그런즉 바리새인들 중에 어떤 자들이 말했습니다. "이 사람이 안식일을 지키지 않기에, 하나님에게서 있지 않다."

348 다른 자들은 말했습니다. "죄있는 사람이 어떻게 이런 표적들을 행할 수 있겠느냐?" 그들 안에 갈라짐이 있었습니다.

349 그들이 다시 눈먼 자에게 말합니다. "그분이 네 양눈을 여셨으니, 너는 그분에 대하여 무엇이라 말하겠느냐?" 그러자 그가 말했습니다. "그분은 선지자이십니다."

350 유대인들은 눈멀었다가 올려보았다는, 그에 대하여 믿지 못

하다가, 결국 올려보게된 그자의 부모를 소리내어불렀습니다. 그리고 그들에게 말하기를, "이자가 눈멀어서 낳아졌다고 당신들이 말하는 당신들의 아들입니다. 그런즉 지금은 어떻게 봅니까?"라고 요구하여물었습니다.

351 그의 부모가 그들에게 대답하였으며 말했습니다. "우리는 이자가 우리 아들이라는 것과 눈멀어서 낳아졌다는 것은 압니다. 그러나 어떻게 지금은 보는지는 알지 못하며, 또한 누가 그의 양눈을 여셨는가는 우리가 알지 못합니다. 그가 키를 갖고있으니, 그에게 요구하여물으십시오! 그가 자기에 대하여 얘기할 것입니다."

352 그의 부모는 유대인들을 두려워하였기에 이것을 말한 것입니다. 만약 누군가 그분을 그리스도로 공언한다면, 그가 출교되는 것을 이미 유대인들이 공모하였기 때문입니다. 이러므로 그의 부모가, "그가 키를 갖고있으니, 그에게 요구하여물으십시오!"라고 말한 것입니다.

353 그런즉 그들은 눈멀었던 사람을 두번째 소리내어불렀으며 그에게 말했습니다. "하나님께 영광을 드려라! 우리는 이 사람이 죄있다는 것을 안다."

354 그런즉 그자가 대답하였으며 말했습니다. "나는 그분이 죄있

는지 알지 못합니다. 한 가지 내가 아는 것은, 내가 눈멀었으나 지금은 본다는 것입니다.”

355 그러나 그들이 다시 그에게 말했습니다. “그분이 네게 무엇을 행하였느냐? 네 양눈을 어떻게 여셨느냐?” 그가 그들에게 대답하였습니다. “내가 이미 당신들에게 말했는데도, 듣지 않았습니다. 당신들은 다시 무엇을 듣기를 원합니까? 당신들도 그분의 제자들이 되기를 원하는 것이 아닙니까?”

356 그런즉 그들이 그를 욕설퍼부었으며 말했습니다. “너는 그분의 제자이나, 우리는 모세의 제자들이다.

357 우리는 하나님이 모세와 얘기하셨다는 것을 안다. 그러나 이분이 어디에 있는지는 알지 못한다.”

358 그 사람이 대답하였으며 그들에게 말했습니다. “이래서, 기이하다는 것인데, 당신들은 그분이 어디에 있는지 알지 못하지만, 그분이 내 양눈을 여셨다는 것입니다.

359 우리는 하나님이 죄인들을 듣지 않으시지만, 다만 만약 어떤자가 하나님을존중하며 그분의 뜻을 행한다면, 이자에게는 들으신다는 것을 압니다.

360 눈멀어서 낳아진 자의 양눈을 어떤 자가 여셨다는 것은, 세상으로부터 듣지 못한 것입니다.

361 이분이 하나님에게서 있지 않았다면, 어떤 것도 행할 수 없을 것입니다."

362 그들이 대답하였으며 그에게 말했습니다. "너는 온전히 죄들 안에서 낳아졌으면서, 네가 우리를 가르치느냐?" 그리고 그를 밖으로 내보냈습니다.

363 예수님께서는 그들이 그를 밖으로 내보냈다고 들으셨습니다. 그리고 그를 발견하시고 그에게 말씀하셨습니다. "너는 하나님의 아들을 믿느냐?"

364 그자가 대답하였으며 말했습니다. "주님! 그분이 누구십니까? 제가 그분을 믿기 위함입니다." 그러자 예수님께서 그에게 말씀하셨습니다. "네가 그를 보았는데, 너와 함께 얘기하는 자가 그자다."

365 그러자 그가 들려주었습니다. "제가 믿습니다. 주님!" 그리고 그분께 예배하였습니다.

366 예수님께서 말씀하셨습니다. "내가 판결하러 이 세상에 왔으

니, 보지 못하는 자들은 보며, 보는 자들은 눈멀게 되게하기 위함이다."

367 바리새인들 중에 그분과 함께 있던 자들이 이것을 들었으며, 그분께 말했습니다. "우리도 눈먼 것이 아닙니까?" 예수님께서 그들에게 말씀하셨습니다. "너희가 눈멀었다면, 죄를 갖지 않았다. 그러나 '우리는 봅니다.'라고 지금 말하니, 그런즉 너희 죄가 머물러있다."

368 "진실로 진실로 너희에게 말하는데, 문을 통해 양들의 뜰로 들어가지 않고, 다만 다른 쪽으로 올라가는 자, 그자는 도둑이며 강도이다. 문을 통해 들어가는 자가 양들의 목자다.

369 이자에게 문지기가 열며, 양들은 그의 음성을 들으며, 그는 자기자신의 양들을 이름을 따라 부르며, 그들을 데리고 간다.

370 그가 자기자신의 양들을 내보냈을 때 그들보다 앞서 간다. 양들은 그의 음성을 알기에, 그를 따른다.

371 그들은 남을 결코 따르지 않으며, 다만 남들의 음성을 알지 못하기에, 그에게서 도망할 것이다."

372 예수님께서 이 은유를 그들에게 말씀하셨지만, 그들은 그분이 그들에게 얘기하신 것이 무엇인지를 알지 못했습니다.

373 그런즉 예수님께서 다시 그들에게 말씀하셨습니다. "진실로 진실로 너희에게 말하는데, 나는 양들의 문이다.

374 나 전에 온 자들은 모두 도둑들이며 강도들이며, 양들은 그들을 듣지 않았다.

375 나는 문이다. 만약 어떤 자가 나를 통해 들어간다면, 그는 구원받을 것이며, 들어갈 것이며 나올 것이며, 꼴을 발견할 것이다.

376 도둑은 도둑질하고 희생제사하며 멸망시키는 것 외에는 오지 않는다. 나는 그들이 생명을 갖게하며 더많이 갖게하기 위해 왔다.

377 나는 좋은 목자다. 좋은 목자는 양들을 위하여 자기 영혼을 둔다.

378 그러나 고용한 자는 목자가 아니며, 자기자신의 양들도 아니기에, 늑대가 오는 것을 지켜보고, 양들을 버려두고 도망한다. 늑대가 그들을 빼앗으며 양들을 흩어버린다.

379 고용한 자는 그가 고용한 자이기에 도망하는 것이며, 양들에 대하여 그들을 고려하지 않는다.

380 나는 좋은 목자다. 나는 우리의 것들을 알며, 우리의 것들에게서 알려진다.

381 아버지께서 나를 아시는 것처럼, 나도 아버지를 안다. 나는 양들을 위하여 내 영혼을 둔다.

382 나는 이 뜰에 있지 않는 다른 양들도 갖고있는데, 나는 그들도 끌고와야 한다. 그들은 내 음성을 들을 것이며, 한 목자에게 하나의 양떼가 될 것이다.

383 이러므로 나는 내 영혼을 다시 받으려고 내 영혼을 두기에, 아버지께서는 나를 사랑하신다.

384 아무도 내게서 그것을 들고가지 않으나, 다만 나스스로 그것을 둔다. 나는 그것을 둘 권세를 갖고있으며, 그것을 다시 받을 권세를 갖고있는데, 이 계명은 내 아버지에게서 받았다."

385 이 말씀들 때문에, 유대인들 안에 다시 갈라짐이 일어났습니다.

386 그들 중에 많은 자들이 말했습니다. "그분은 귀신을 갖고있으며 미쳤는데, 왜 그분에게 듣느냐?" 다른 자들은 말했습니다. "이 선포된말씀들은 귀신들린 자의것이 아닌데, 귀신이 눈먼 자의 양눈을 열 수 없지 않느냐?"

387 예루살렘에 수전절이 되었으며, 겨울이었습니다. 예수님께서는 성전, 솔로몬의 행각에서 걸어다니셨습니다.

388 그런즉 유대인들이 그분을 둘러에워쌌으며, 그분께 말했습니다. "언제까지, 우리 영혼을 들고가십니까? 당신이 그리스도라면, 우리에게 밝히드러냄으로 말씀해주십시오!"

389 예수님께서 그들에게 대답하셨습니다. "내가 너희에게 말했으나, 너희가 믿지 않는다.

390 내가 내 아버지의 이름으로 행하는 행위들, 이것들이 나에 대하여 증거한다. 다만 너희가 믿지 않는데, 내가 너희에게 말한 것처럼, 너희가 우리의 양들 중에 있지 않기 때문이다.

391 우리의 양들은 내 음성을 들으며, 나도 그들을 안다. 그들은 나를 따르며, 나도 그들에게 영원한 생명을 준다. 그들이 결코 영원히 멸망하지 않으리라. 어떤 자도 내 손에서 그들을 빼앗지 못할 것이다.

392 　내게 주신 내 아버지는 모든 것들보다 더크시다. 아무도 내 아버지의 손에서 빼앗을 수 없다.

393 　나와 아버지는 하나다."

394 　유대인들이 그분에게 돌던지기 위하여, 다시 돌들을 짊어졌습니다.

395 　예수님께서 그들에게 대답하셨습니다. "나는 내 아버지에게서 많은 좋은 행위들을 너희에게 보여주었다. 그것들 중 무슨 행위 때문에, 내게 돌던지느냐?"

396 　유대인들이 말하기를, "좋은 행위에 대하여, 당신께 돌던지는 것이 아니라, 다만 모독에 대하여 돌던지니, 당신은 사람이면서 당신자신을 하나님으로 만듭니다."라고 그분께 대답했습니다.

397 　예수님께서 그들에게 대답하셨습니다. "너희 율법에, '내가 말했는데, 너희는 하나님들이다.'라고 기록되지 않았느냐? 성경은 풀려질 수 없는데, 하나님의 말씀이 이루어진 자들에게, 그들을 하나님들이라고 말씀하셨다면, 아버지께서 거룩하게하셨으며 세상으로 보내신 자가, '나는 하나님의 아들이다.'라고 말했기에, '당신이 모독한다.'라고 너희가 말하

느냐?

398 내가 내 아버지의 행위들을 행하지 않는다면, 나를 믿지 말
     아라! 그러나 행한다면, 나를 믿지 않는다 해도, 행위들은
     믿어라! 아버지가 내 안에, 나도 그분 안에 있는 것을 너희
     가 알고 믿기 위함이다.”

399 그런즉 그들은 다시 그분을 잡아들이려 하였으나, 그분은 그
     들의 손에서 나오셨습니다.

400 다시 요단 건너 요한이 첫번째로 세례주던 장소로 가셨으며,
     거기 머무셨습니다.

401 많은 자들이 그분에게 와서 말했습니다. “요한은 정말로 아
     무 표적도 행하지 않았습니다. 그러나 요한이 이분에 대하여
     말한 것들은 모두 참됩니다.”

402 많은 자들이 거기서 그분을 믿었습니다.

NEW
요한복음

7
장

403절~467절 [개역개정, KJV 11:1~12:19]

생명과 부활이신 예수님

7장

NEW
요한복음

403 병든 어떤 자가 있었는데, 마리아와 그녀의 자매 마르다의 마을 곧 베다니 출신의 나사로였습니다.

404 마리아는 주님께 향유를 기름바르고 자기 머리털로 그분의 발을 씻기던 자였는데, 그녀의 형제 나사로가 병들은 것이었습니다.

405 그런즉 자매들이, "주님! 오호! 당신이 좋아하는 자가 병듭니다."라는 말로 그분에게 사람보냈습니다.

406 그러나 예수님께서 들으시고 말씀하셨습니다. "이 연약함은 죽음으로가 아닌, 다만 하나님의 영광을 위함이며, 그를 통해 하나님의 아들이 영광받기 위함이다."

407 예수님께서는 마르다와 그녀의 자매와 나사로를 사랑하셨습

니다.

408 그가 병든 것을 들으시자, 그때 계셨던 장소에서 2일을 정말로 머무셨습니다.

409 그런다음, 이 후, 제자들에게 말씀하십니다. "다시 유대로 끌려가자."

410 제자들이 그분께 말합니다. "랍비님! 지금 유대인들이 당신께 돌던지려 하는데, 다시 거기로 가십니까?" 예수님께서 대답하셨습니다. "낮이 12시간이지 않느냐? 만약 어떤 자가 낮에 걸어다니면, 이 세상의 빛을 보기에 부딪치지 않는다. 만약 어떤 자가 밤에 걸어다니면, 그 안에 빛이 없기에 부딪친다."

411 이것을 말씀하셨으며, 이 후, 그들에게 말씀하십니다. "우리의 친구 나사로가 잠잔다. 다만 내가 그를 잠깨우러 간다."

412 그런즉 그분의 제자들이 말했습니다. "주님! 그가 잠자면 구원받을 것입니다."

413 예수님께서는 그의 죽음에 대하여 권고하셨었으나, 그들은 그분이 잠을 자는 것에 대하여 말씀하신다고 생각했습니다.

414 그런즉 그때 예수님께서 그들에게 밝히드러냄으로 말씀하셨습니다. "나사로가 죽었다. 내가 너희 때문에 기뻐하는데, 너희가 믿기 위하여, 내가 거기 있지 않은 것이다. 다만 우리가 그에게로 끌려가자."

415 그런즉 디두모라 하는 도마가 동료제자들에게 말했습니다. "우리도 그분과 함께 죽기 위하여 끌려가자."

416 예수님께서 오셔서 그를 발견하셨는데, 이미 무덤에 4일을 갖고있던 것입니다.

417 베다니는 예루살렘에서 약 2,760m 가까이 있었으며, 유대인들 중에 많은 자들이 마르다와 마리아 주변에 왔었는데, 그녀들의 형제에 대하여 그녀들을 위로하기 위함이었습니다.

418 그런즉 마르다는 예수님이 오신다고 듣자, 그분을 만났습니다. 마리아는 집에 앉아있었습니다.

419 그런즉 마르다가 예수님에게 말했습니다. "주님! 당신이 여기 계셨더라면, 제 형제가 죽지 않았을 것입니다.

420 다만 지금이라도 당신이 하나님께 무엇을 구하시든지, 하나님께서 당신께 주실 것을 압니다."

421 예수님께서 그녀에게 말씀하십니다. "네 형제는 일어설 것이다."

422 마르다가 그분께 말합니다. "마지막 날, 부활시 그가 일어설 것을 압니다."

423 예수님께서 그녀에게 말씀하셨습니다. "나는 부활이며 생명이다.

424 나를 믿는 자는 죽어도 살 것이며, 살아서 나를 믿는 자는 모두, 결코 영원히 죽지 않으리라.

425 이것을 믿느냐?"

426 그녀가 그분께 말합니다. "그렇습니다! 주님! 당신은 그리스도 곧 세상에 오시는, 하나님의 아들이신 것을 제가 믿습니다."

427 이것을 말하고 갔으며, 가만히 자기 자매 마리아에게 말하기를, "선생님이 계셔서 너를 소리내어부르신다."라고 소리내어불렀습니다.

428 그녀가 듣자, 속히 일으켜져 그분에게 갑니다. 예수님은 아직

마을로 오시지 않으셨었고, 다만 마르다가 그분을 만났던 장
소에 계셨습니다.

429 그런즉 그녀와 함께 집에 있으면서 그녀를 위로하던 유대인
들은, 마리아가 빨리 일어서서 나가는 것을 보고, "무덤에서
울려고 거기로 간다."라고 말하며, 그녀를 따랐습니다.

430 그런즉 마리아는 예수님이 계신 곳에 오자, 그분을 보고, 그
분의 발에 엎드려, "주님! 여기 계셨다면, 제 형제가 죽지 않
았을 것입니다."라고 말했습니다.

431 그런즉 예수님께서는 그녀가 우는 것과 그녀와 함께한 유대
인들이 우는 것을 보시자, 영에 엄히경계하셨으며, 자신이 요
동하셨으며 말씀하셨습니다. "그를 어디 두었느냐?" 그들이
그분께 말합니다. "주님! 오십시오! 그리고 보십시오!"

432 예수님께서 눈물흘리셨습니다.

433 그런즉 유대인들이 말했습니다. "오호! 그분이 그를 얼마나
좋아하셨는가?"

434 그러나 그들 중에 어떤 자들은 말했습니다. "눈먼 자의 양눈
을 여신 이분이, 이자를 죽지 않게 할 수는 없으셨는가?"

435 그런즉 예수님께서 다시 속으로 엄히경계하시고 무덤으로 가십니다. 굴이 있었으며, 돌이 그것 앞에놓여있었습니다.

436 예수님께서 말씀하십니다. "돌을 들고가라!"

437 죽은 자의 누이 마르다가 그분께 말합니다. "주님! 이미 냄새 나는데, 4일째이기 때문입니다."

438 예수님께서 그녀에게 말씀하십니다. "네게 말하지 않았느냐? 만약 믿는다면, 하나님의 영광을 볼 것이다." 그런즉 그들은 죽은 자가 놓여 있던 곳의 돌을 들고갔습니다.

439 예수님께서 눈을 위로 드셨으며, 말씀하셨습니다. "아버지! 저를 들으시니 당신께 감사드립니다.

440 항상 저를 들으신다는 것을 제가 알았습니다. 다만 둘러선 군중 때문에 말하는데, 당신이 저를 보내셨다는 것을 그들이 믿기 위함입니다."

441 이것을 말씀하시고, 큰 음성으로 소리치셨습니다. "나사로야! 밖으로 와라."

442 죽은 자가 양발과 양손이 베로 묶여져 나왔는데, 그의 외모는

수건에 싸여져있었습니다.

443 예수님께서 그들에게 말씀하십니다. "그를 풀어라! 그리고 가는 것을 허용해라!"

444 그런즉 유대인들 중에 마리아에게 와서 예수님이 행하신 것들을 눈여겨본 많은 자들이 그분을 믿었습니다.

445 그러나 그들 중에 어떤 자들은 바리새인들에게 갔으며 예수님이 행하신 것들을 그들에게 말했습니다.

446 그런즉 대제사장들과 바리새인들이 공회를 모았으며 말했습니다. "우리가 무엇을 하겠는가? 이 사람이 많은 표적들을 행한다. 만약 우리가 그분을 이같이 허용한다면, 모든 자들이 그분을 믿을 것이며, 로마인들이 올 것이며 장소도 이방인도 우리에게서 들고갈 것이다."

447 그들 중에 어떤 한 사람, 곧 그 해 대제사장이었던 가야바가 그들에게 말했습니다. "너희는 어떤 것도 알지 못하는데, 한 사람이 백성을 위하여 죽어 온 이방인이 멸망하지 않는 것이 우리에게 유익하다는 것을 너희는 의논하지 못하느냐?"

448 그는 스스로 이것을 말한 것이 아니며, 다만 그가 그 해에 대

제사장이었기에, 이방인을 위해 그리고 이방인만 위할 뿐 아니라 다만 흩어진 하나님의 자녀들을 하나로 모으기 위하여, 예수님께서 죽게 되실 것을 예언한 것입니다.

449 그런즉 그 날부터, 그들은 그분을 죽이려고 결의하였습니다.

450 그런즉 예수님께서는 더이상 유대인들 가운데 밝히드러냄으로 걸어다니지 않으시고, 다만 거기서 광야 가까운 지방인 에브라임이라 하는 성으로 가셨으며, 그분의 제자들과 함께 거기 거하셨습니다.

451 유대인들의 유월절이 가까이 있었으며, 많은 자들이 자신들을 성결케하기 위하여, 유월절 전에 지방에서 예루살렘으로 올라갔습니다.

452 그런즉 그들은 예수님을 찾았으며 성전에 서서 남남끼리 말했습니다. "너희는 어떻게 생각하느냐? 그분이 명절에 결코 오시지 않으실까?" 대제사장들과 바리새인들이 그분을 잡아들이려고, 만약 어떤 자가 그분이 어디 계신 것을 안다면, 그것을 알리도록 계명을 주었던 것입니다.

453 그런즉 유월절 6일 전에, 예수님께서는 베다니로 오셨는데, 죽은 자 나사로를 죽은 자들에서 일으키셨던 곳입니다.

454 그런즉 그들이 거기서 그분에게 잔치를 베풀었고, 마르다는 섬겼으며, 나사로 한 명은 그분과 함께앉은 자들 중에 있었습니다.

455 그런즉 마리아는 값비싼 순수한 나드 향유 327g을 받아, 예수님의 발에 기름발랐으며, 자기 머리털로 그분의 양발을 씻겼습니다. 집은 향유의 냄새로 성취되었습니다.

456 그분의 제자들 중에 한 명, 그분을 넘겨주게 될, 시몬의 아들 가룟 유다가 말합니다. "무엇때문에 이 향유가 300데나리온에 팔려져 가난한 자들에게 주어지지 않는가?"

457 그는 가난한 자들에 대하여 고려한 것이 아니라, 다만 돈궤를 갖고있어 넣어지는 것들을 짊어지는 도둑이었기에 이것을 말한 것입니다.

458 그런즉 예수님께서 말씀하셨습니다. "그녀를 허용해라! 내 장사의 날을 위해, 그녀가 그것을 지켰다.

459 너희는 가난한 자들을 항상 자신들과 함께 갖고있지만, 나를 항상 갖고있지는 않다."

460 유대인들 중에 많은 군중은 그분이 거기 계시다는 것을 알고,

왔는데, 예수님 때문만은 아니고, 다만 그분이 죽은 자들에서 일으키신 나사로도 보기 위함이었습니다.

461 대제사장들은 나사로도 죽이려고 계획하였는데, 그자 때문에 유대인들 중 많은 자들이 가서 예수님을 믿은 것입니다.

462 다음날, 명절에 온 많은 군중은 예수님께서 예루살렘으로 오신다고 듣고, 종려나무의 실가지들을 받았으며, 그분을 맞이하러 나갔으며 소리질렀습니다. "호산나! 주님의 이름으로 오시는 이스라엘의 왕은 축복되시도다!"

463 예수님께서는 어린나귀를 발견하시고, "두려워하지 말라! 시온의 딸아! 오! 너의 왕이 나귀의 새끼 위에 앉아서 오신다." 라고 기록된 것처럼 그 위에 앉으셨습니다.

464 그분의 제자들은 첫번째에는 이것을 알지 못하였으나, 다만 예수님께서 영광받으신 때, 그때 이것이 그분에 대해 기록되었다는 것과 그들이 이것을 그분께 행한 것이 기억났습니다.

465 그런즉 그분이 나사로를 무덤에서 소리내어불렀으며, 죽은 자들에서 그를 일으키셨을 때, 그분과 함께 있었던 군중이 증거하였습니다.

466 이러므로 군중이 그분을 만났는데, 그분이 이 표적을 행하셨다고 들은 것입니다.

467 그런즉 바리새인들이 서로 말했습니다. "너희는 어떤 것도 유익하지 않은 것을 지켜본다. 오호! 세상이 그분을 뒤쫓아 갔다."

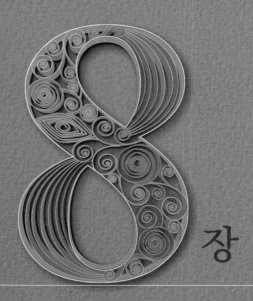

장

468절~536절 [개역개정, KJV 12:20~13:38]

영생의 말씀이신 예수님

8장

NEW
요한복음

468 명절에 예배하기 위하여, 올라온 자들 중에 일부 헬라인들이 있었습니다. 그런즉 이들이 갈릴리 벳새다 출신인 빌립에게 나아갔으며, 말하기를, "주님! 우리가 예수님을 뵙기를 원합니다."라고 그에게 요구하여물었습니다.

469 빌립이 가서 안드레에게 말하며, 다시 안드레와 빌립이 예수님께 말합니다.

470 그러자 예수님께서 대답하셨으며 그들에게 말씀하셨습니다. "사람의 아들이 영광받을 시간이 왔다.

471 진실로 진실로 너희에게 말하는데, 만약 밀 한 알이 땅에 떨어져 죽지 않는다면, 그것만 머문다. 그러나 만약 죽으면, 많은 열매를 가져온다.

472 자기 영혼을 좋아하는 자는 그것을 멸할 것이며, 이 세상에서 자기 영혼을 미워하는 자는 영원한 생명에 이르도록 그것을 지킬 것이다.

473 만약 어떤 자가 나를 섬긴다면, 나를 따라라! 내가 있는 곳에 나를 섬기는 자도 거기 있을 것이다. 만약 어떤 자가 나를 섬긴다면, 아버지께서 그를 공경할 것이다.

474 지금 내 영혼이 요동되니, 무엇을 말하리요? 아버지! 나를 이 시간에 구원하옵소서! 다만 이것 때문에, 내가 이 시간까지 왔습니다.

475 아버지! 당신은 당신의 이름을 영광스럽게하옵소서!"

476 그런즉 하늘에서 음성이 왔습니다. "내가 영광스럽게하였으며, 다시 영광스럽게할 것이다."

477 그런즉 서서 들은 군중은 천둥이 났다고 말했습니다.

478 다른 자들은 "천사가 그분과 얘기했다."라고 말했습니다.

479 예수님께서 대답하셨으며 말씀하셨습니다. "이 음성은 나 때문이 아니라, 다만 너희 때문에 난 것이다.

480 지금 심판이 이 세상에 있다. 지금 이 세상의 통치자가 밖으로 내보내질 것이다. 만약 나도 땅에서 높여지면, 나는 모든 자들을 나자신에게 끌어당길 것이다."

481 그분은 자기가 무슨 죽음으로 죽게 되실 것을 표적화시키려고 이것을 말씀하셨습니다.

482 군중이 그분께 대답하였습니다. "우리는 그리스도가 영원히 머무신다고 율법에서 들었는데, 당신은 어떻게 '사람의 아들이 높여져야 한다.'라고 말씀하십니까? 이 사람의 아들이 누구입니까?"

483 그런즉 예수님께서 그들에게 말씀하셨습니다. "아직 잠시 동안, 빛이 너희와 함께 있다.

484 어둠이 너희를 잡아내지 않기 위하여, 너희가 빛을 갖고있는 때까지 걸어다녀라! 어둠에 걸어다니는 자는 자기가 어디로 가는지를 알지 못한다.

485 빛의 아들이 되기 위하여, 너희는 빛을 갖고있을 때까지, 빛을 믿어라!"

486 예수님께서 이것들을 얘기셨으며, 가서 그들로부터 감춰지셨

습니다.

487 그분이 그들 앞에서 이만한 표적들을 행하셨으나, 그들이 그분을 믿지 않은 것은, "주님! 우리의 소문을 누가 믿었습니까? 주님의 팔이 누구에게 나타났습니까?"라고 말한 선지자 이사야의 말씀이 성취되기 위함입니다.

488 이러므로 그들이 믿을 수 없었는데, 이사야가 다시 말했습니다. "그분이 그들의 눈을 멀게하셨으며, 그들의 마음을 완악하게 하신 것은, 그들이 눈으로 보고 마음으로 통찰하여, 그들이 돌아와져서, 내가 그들을 낫게하지 않기 위함이다."

489 이것은 이사야가 말한 것인데, 그가 그분의 영광을 보았을 때 그분에 대하여 얘기한 것입니다.

490 하지만 그럼에도, 통치자들 중에 많은 자들이 그분을 믿었습니다. 다만 바리새인들 때문에 공언하지 못했는데, 출교되지 않기 위함입니다.

491 그들은 하나님의 영광보다 사람들의 영광을 더욱 사랑하였기 때문입니다.

492 예수님께서 소리지르셨으며 말씀하셨습니다. "나를 믿는 자

는 나를 믿는 것이 아니요, 다만 나를 보내신 분을 믿는 것이다. 나를 지켜보는 자는 나를 보내신 분을 지켜보는 것이다.

493 빛인 내가 세상으로 온 것은, 나를 믿는 자가 모두 어둠에 머물지 않기 위함이다.

494 만약 어떤 자가 내 선포된말씀을 듣고 믿지 않는다 해도, 나는 그를 심판하지 않는데, 내가 온 것은 세상을 심판하기 위함이 아니라, 다만 세상을 구원하기 위함이기 때문이다.

495 나를 저버리고 내 선포된말씀을 받지 않는 자, 그를 심판하시는 분을 나는 갖고있다. 내가 얘기한 말, 그것이 마지막 날에 그를 심판할 것이다.

496 나는 나자신이 얘기한 것이 아니다. 다만 나를 보내신 아버지 그분이, 내가 무엇을 말할지 그리고 무엇을 얘기할지, 내게 계명을 주셨다. 나는 그분의 계명이 영원한 생명이라는 것을 안다. 그런즉 내가 얘기하는 것은, 아버지께서 내게 권고하신 그대로를, 내가 이같이 얘기하는 것이다."

497 유월절 명절 전에, 예수님께서는 이 세상에서 아버지에게 옮겨가실 그분의 시간이 왔다는 것을 아시고, 세상에 있는 자기 자신의 것들을 사랑하셨는데, 그들을 끝까지 사랑하셨습니다.

498 잔치가 되어, 마귀가 이미 시몬의 아들 가룟 유다의 마음에 넣었는데, 그분을 넘겨주는 것입니다.

499 예수님께서는 아버지께서 자기 손에 모든 것들을 주셨다는 것과 하나님에게서 나오셨다가 하나님에게 가시는 것을 아셨으며, 잔치에서 일으켜지셔서, 겉옷들을 두시고, 흰수건을 받으시고 자신에게 세계두르셨습니다.

500 후에, 물을 대야에 넣으시고, 제자들의 발을 씻으시고 세계두르고 있으셨던 흰수건으로 씻기시기 시작하셨습니다.

501 그분이 시몬 베드로에게 오십니다. 그가 그분께 말합니다. "주님! 당신이 제 발을 씻으십니까?"

502 예수님께서 대답하셨으며 그에게 말씀하셨습니다. "내가 하는 것을 지금은 네가 알지 못하나, 이 후에는 알 것이다."

503 베드로가 그분께 말합니다. "당신은 결코 제 발을 영원히 씻지 못하시리이다."

504 예수님께서 그에게 대답하셨습니다. "만약 내가 너를 씻지 않으면, 너는 나와 함께하는 부분을 갖고있지 않다."

505　시몬 베드로가 그분께 말합니다. "주님! 제 발만 아니라, 다만 양손과 머리도!"

506　예수님께서 그에게 말씀하십니다. "목욕한 자는, 발 외에 씻을 필요를 갖고있지 않으며, 전체가 청결하다. 너희가 청결하나, 다만 모두는 아니다."

507　그분은 자기를 넘겨줄 자를 아셨기 때문인데, 이러므로 그분은 "모두가 청결한 것은 아니다."라고 말씀하셨습니다.

508　그런즉 그들의 발을 씻으시고, 자기 겉옷들을 받으셨을 때, 다시 비스듬히앉으셔서 그들에게 말씀하셨습니다. "내가 너희에게 무엇을 행했는지 너희가 아느냐? 너희가 나를 선생님과 주님이라고 소리내어부르는데, 너희가 좋게 말하는 것이니, 내가 그렇기 때문이다.

509　그런즉 주님과 선생님인 내가 너희 발을 씻었다면, 너희도 발을 씻어 서로에게 빚진다.

510　내가 너희에게 본을 준 것은, 내가 너희에게 행한 것처럼 너희도 행하기 위함이기 때문이다.

511　진실로 진실로 너희에게 말하는데, 종은 자기 주인보다 더

크지 못하며, 사도는 자기를 보낸 자보다 더크지 못하다.

512 이것을 알고, 만약 너희가 그것을 행한다면, 너희는 복있다.

513 내가 너희 모두에 대하여 말하는 것은 아니다. 나는 내가 택한 자들을 아는데, '나와 함께 빵을 먹어연합하는 자가 내게 자기 발꿈치를 들었다.'라는 성경이 성취되기 위함이다.

514 되기 전, 지금부터 내가 너희에게 말하는 것은, 될 때, 내가 그인 것을 너희가 믿기 위함이다.

515 진실로 진실로 너희에게 말하는데, 내가 보낸 누구라도 받는 자는, 나를 받는 것이며, 나를 받는 자는 나를 보내신 분을 받는 것이다."

516 예수님께서 이것을 말씀하시고, 영에 요동되셨으며, 증거하여 말씀하셨습니다. "진실로 진실로 너희에게 말하는데, 너희 중에 한 명이 나를 넘겨줄 것이다."

517 제자들은 그분이 누구를 말씀하시는가에 대하여 혼란스러워하며 남들을 바라보았습니다.

518 그분의 제자들 중 한 명 곧 예수님께서 사랑하시던 자가 예수

님의 품에 앉아식사하고 있었습니다.

519 그런즉 그분이 말씀하시는 자가 누구에 대해서인지 질문하라고, 시몬 베드로가 이자에게 머리짓합니다.

520 그가 예수님의 가슴에 임하면서 그분께 말합니다. "주님! 그가 누구입니까?"

521 예수님께서 대답하십니다. "내가 한 작은조각을 찍어서 건네줄 자가 그다."

522 그리고 한 작은조각을 넣으시고, 시몬의 아들 가룟 유다에게 주십니다.

523 한 작은조각 후, 그때 사탄이 그에게로 들어갔습니다.

524 그런즉 예수님께서 그에게 말씀하십니다. "네가 행하는 일을, 더급하게 행해라!"

525 그분이 그에게 무엇을 말씀하셨는지, 앉아식사하는 자들 중 아무도 이것을 알지 못했습니다.

526 유다가 돈궤를 갖고있었기에, 예수님께서 그에게 "명절에 우

리가 필요를 가진 것들이나, 또는 가난한 자들에게 줄 것을, 사라!"라고 말씀하신다고, 어떤 자들은 생각하였기 때문입니다.

527 그는 한 작은조각을 받고 곧바로 나갔는데, 밤이었습니다.

528 그가 나갔을 때, 예수님께서 말씀하십니다. "지금 사람의 아들이 영광받았으며, 하나님도 그 안에서 영광받으셨다.

529 하나님께서 그 안에서 영광받으셨다면, 하나님도 자신 안에서 그를 영광스럽게하실 것이며, 곧바로 그를 영광스럽게하실 것이다.

530 상속자녀들아! 내가 아직 조금 너희와 함께 있다.

531 너희가 나를 찾을 것인데, 내가 유대인들에게 '내가 가는 곳에, 너희가 올 수 없다.'라고 말한 것처럼, 너희에게도 지금 말한다.

532 내가 너희에게 새 계명을 주는데, 너희는 서로를 사랑하는 것이다. 내가 너희를 사랑한 것처럼, 너희도 서로를 사랑하는 것이다.

533 만약 너희가 서로에게 사랑을 갖고있다면, 이것으로 너희가 내 제자라는 것을 모든 자들이 알 것이다."

534 시몬 베드로가 그분께 말합니다. "주님! 어디로 가십니까?" 예수님께서 그에게 대답하셨습니다. "내가 가는 곳에, 지금은 네가 나를 따를 수 없지만, 그후에는 나를 따를 것이다."

535 베드로가 그분께 말합니다. "주님! 무엇때문에 지금은 당신을 따를 수 없습니까? 제가 당신을 위하여 제 영혼을 둘 것입니다."

536 예수님께서 그에게 대답하셨습니다. "나를 위해, 네 영혼을 둘 것이냐? 진실로 진실로 네게 말하는데, 네가 나를 3번 거부하기까지, 결코 닭이 소리내어부르지 않을 것이다."

장

537절~626절 [개역개정, KJV 14:1~16:33]

보혜사 성령님을 보내주시는 예수님

9장
NEW
요한복음

537 "너희의 마음이 요동되지 말아라! 너희는 하나님을 믿기에 나를 믿는다.

538 내 아버지의 집에 거할 곳들이 많다. 그렇지 않다면, 내가 너희에게 말했을 것이다. 내가 너희에게 한 장소를 준비하러 간다.

539 만약 가서 너희에게 한 장소를 준비하면, 내가 있는 곳에 너희도 있게 하기 위해, 다시 와서 너희를 나자신에게 데려올 것이다.

540 내가 가는 곳을 너희가 알며, 길을 너희가 안다."

541 도마가 그분께 말합니다. "주님! 당신이 어디로 가시는지를 우리가 알지 못하는데, 어떻게 길을 알 수 있습니까?"

542 예수님께서 그에게 말씀하십니다. "내가 길이며, 진리이며, 생명이다. 나를 통하지 않는다면, 아무도 아버지에게 오지 못한다.

543 너희가 나를 알았다면, 내 아버지도 알았을 것이다. 지금부터, 너희는 그분을 알며, 그분을 보는 것이다."

544 빌립이 그분께 말합니다. "주님! 우리에게 아버지를 보여주십시오! 그러면 우리에게 족합니다."

545 예수님께서 그에게 말씀하십니다. "너희와 함께 이정도 동안 있는데, 빌립아! 너는 나를 알지 못하느냐? 나를 본 자는 아버지를 본 것인데, 어떻게 너는 '우리에게 아버지를 보여주십시오!'라고 말하느냐?

546 내가 아버지 안에 있으며, 아버지께서 내 안에 계시다는 것을 믿지 못하느냐? 내가 너희에게 얘기하는 선포된말씀은, 나스스로 얘기하는 것이 아니며, 내 안에 머무시는 아버지, 그분이 일들을 행하시는 것이다.

547 내가 아버지 안에 아버지께서 내 안에 계신, 나를 믿어라! 그렇지 못하면, 그 행위들을 통하여 나를 믿어라!

548 진실로 진실로 너희에게 말하는데, 나를 믿는 자는 내가 행하는 행위들을 그도 행할 것이며, 이보다 더큰일들도 행할 것인데, 나는 내 아버지에게 간다.

549 너희가 내 이름 안에서 구하는 것마다, 내가 이것을 행할 것인데, 아버지께서 아들 안에서 영광받으시기 위함이다.

550 만약 너희가 내 이름 안에서 무엇을 구한다면, 내가 행할 것이다.

551 만약 너희가 나를 사랑한다면, 나의 계명들을 지킬 것이다.

552 내가 아버지께 요구하여물을 것이며, 그분이 너희에게 다른 보혜사를 주실 것인데, 그분이 너희와 함께 영원히 머물기 위함이다.

553 그분은 진리이신 영이시며, 그분을 세상은 받을 수 없는데, 그분을 지켜보지도 못하며 그분을 알지도 못한다. 그러나 너희는 그분을 아는데, 그분이 너희와 머무시며, 너희 안에 계실 것이다.

554 내가 너희를 고아로 버려두지 않을 것이며, 너희에게 온다.

555 아직 조금, 세상은 더이상 나를 지켜보지 못하나, 너희는 나를 지켜본다. 나는 살아있으며 너희도 살아있을 것이다.

556 그 날에, 내가 내 아버지 안에, 너희가 내 안에, 나도 너희 안에 있는 것을, 너희가 알 것이다.

557 내 계명들을 가지고 그것들을 지키는 자, 그자가 나를 사랑하는 자다. 나를 사랑하는 자는 내 아버지에게서 사랑받을 것이며, 나도 그를 사랑할 것이며, 그에게 나자신을 나타낼 것이다."

558 가룟이 아닌 유다가 그분께 말합니다. "주님! 우리에게는 자신을 나타내시게 될 것이지만 세상에는 아니하시게 되는 것은, 어떻게 된 것입니까?"

559 예수님께서 대답하셨으며 그에게 말씀하셨습니다. "만약 어떤 자가 나를 사랑한다면, 내 말씀을 지킬 것이며, 내 아버지께서는 그를 사랑하실 것이며, 우리가 그에게 올 것이며, 그에게 거할 곳을 만들 것이다.

560 나를 사랑하지 않는 자는 내 말씀을 지키지 않는데, 너희가 듣는 말씀은 나의 것이 아니라, 다만 나를 보내신 아버지의 것이다.

561 나는 너희에게서 머물며 이것을 너희에게 얘기했지만, 아버지께서 내 이름 안에서 보내실 보혜사 곧 거룩하신 영, 그분은 너희에게 모든 것을 가르치실 것이며, 내가 너희에게 말한 모든 것을 위로부터생각나게 하실 것이다.

562 내가 너희에게 평안을 버려두는데, 나의 평안을 너희에게 준다. 세상이 주는 것같지 않은 평안을, 나는 너희에게 준다. 너희의 마음이 요동되지 말며, 무서워하지도 말아라!

563 너희는 '내가 가며 너희에게 온다.'라고 내가 너희에게 말한 것을 들었다. 너희가 나를 사랑하였다면, '내가 아버지에게 간다.'라고 내가 말한 것에 너희가 기뻐하였을 것인데, 내 아버지는 나보다 더크시다.

564 되기 전에, 지금 너희에게 권고한 것은, 되어질 때 너희가 믿기 위함이다.

565 내가 더이상 너희와 많은 것을 얘기하지 않을 것이다. 이 세상의 통치자가 오지만, 그는 내 안에 어떤 것도 갖고있지 않으며, 다만 내가 아버지를 사랑하는 것과 아버지께서 내게 명하신 그대로를 이같이 행한다는 것을 세상이 알게 하기 위함이기 때문이다.

566 일으켜져라! 우리가 여기서 끌려가자."

567 "나는 참 포도나무이며, 내 아버지는 농부이시다.

568 내 안에서, 열매를 가져오지 못하는 모든 접붙인가지는, 그분이 그것을 들고가시며, 열매를 가져오는 모든 접붙인가지는, 더많은 열매를 가져오기 위하여, 그것을 청결케하신다.

569 너희는 이미 내가 너희에게 얘기한 말씀 때문에 청결하다.

570 내 안에 머물러라! 나도 너희 안에 머문다.

571 만약 접붙인가지가 포도나무에 머물지 않으면 스스로 열매를 가져올 수 없는 것처럼, 만약 너희가 내 안에 머물지 않으면 너희도 이같이 열매를 가져올 수 없다.

572 나는 포도나무이며, 너희는 접붙인가지들이다.

573 내 안에 머무는 자는, 나도 그 안에 머물며, 이자는 많은 열매를 가져오니, 나 없이는 너희가 어떤 것도 행할 수 없다.

574 만약 어떤 자가 내 안에 머물지 않으면, 접붙인가지와 같이 밖에 던져지고, 말라져서, 사람들이 그것을 모아 불로 던지

며, 그것은 켜진다.

575 만약 너희가 내 안에 머물고, 내 선포된말씀이 너희 안에 머물면, 너희가 무엇을 원하든지 구할 것이며, 그것이 너희에게 될 것이다.

576 이래서 내 아버지께서 영광받으셨는데, 너희가 열매를 많이 가져오기 위함이며, 너희가 내 제자들이 될 것이다.

577 아버지께서 나를 사랑하셨던 것처럼, 나도 너희를 사랑하였으니, 나의 사랑 안에 머물러라!

578 내가 내 아버지의 계명들을 지켜, 나도 그분의 사랑 안에 머문 것처럼, 만약 너희가 내 계명들을 지킨다면, 내 사랑 안에 머물 것이다.

579 내가 너희에게 이것을 얘기하는 것은, 내 기쁨이 너희 안에 머물며, 너희 기쁨이 성취되기 위해서이다.

580 이것이 나의 계명인데, 내가 너희를 사랑한 것처럼, 너희가 서로를 사랑하는 것이다.

581 아무도 이것보다 더큰 사랑을 갖고있지 않는데, 어떤 자가

자기 친구들을 위하여 자기 영혼을 두는 것이다.

582 만약 내가 너희에게 명하는 것들을 행한다면, 너희는 내 친구들이다.

583 종은 자기 주인이 무엇을 행하는지 알지 못하기에, 나는 더이상 너희를 종이라고 말하지 않는다. 내가 너희를 친구들이라고 선포하였는데, 내 아버지에게서 들은 모든 것을 너희에게 알게 한 것이다.

584 너희가 나를 택한 것이 아니고, 다만 내가 너희를 택하였으며 너희를 둔 것인데, 너희가 가서 열매를 가져오며 너희 열매가 머물기 위함이며, 또한 너희가 내 이름 안에서 아버지께 구하는 것마다, 그분이 너희에게 주시기 위함이다.

585 내가 너희에게 이것을 명하는데, 너희가 서로를 사랑하는 것이다.

586 세상이 너희를 미워한다면, 너희보다 첫번째로 나를 미워한다는 것을 알아라.

587 너희가 세상에 있다면, 세상은 자기자신의 것을 좋아했을 것이지만, 너희가 세상에 있지 않으며, 다만 내가 세상에서

너희를 택하였는데 이러므로 세상이 너희를 미워한다.

588 '종이 자기 주인보다 더크지 않다.'라고, 내가 너희에게 한 말씀을 너희는 기억한다.

589 사람들이 나를 핍박하였다면, 너희도 핍박할 것이며, 사람들이 내 말씀을 지켰다면, 너희의 말도 지킬 것이다.

590 다만 내 이름 때문에 너희에게 이 모든 것들을 행할 것인데, 사람들은 나를 보내신 분을 알지 못한다.

591 내가 와서 그들에게 얘기하지 않았다면, 그들은 죄를 갖지 않았으나, 지금은 자신들의 죄에 대하여 외식을 갖지 못한다.

592 나를 미워하는 자는 내 아버지도 미워한다.

593 다른 아무도 행하지 않은 행위들을 내가 그들 가운데 행하지 않았다면, 그들은 죄를 갖지 않았다. 그러나 지금 그들은 나와 내 아버지를 보았으며 미워하였는데, 다만 '그들이 값 없이 나를 미워하였다.'라고, 그들의 율법에 기록된 말씀이 성취되기 위함이다.

594 내가 아버지에게서 너희에게 보낼, 보혜사 곧 아버지에게서

나오시는 진리이신 영이 오실 때, 그분이 내게 대하여 증거하실 것이다. 너희도 증거하는데, 너희는 처음부터 나와 함께 있다."

595 "너희가 실족되지 않기 위하여, 내가 이것을 얘기한다.

596 그들이 너희를 출교할 것이다. 다만 너희를 죽이는 자가 모두 하나님께 충성을 바치는 것이라고 생각할 시간이 온다.

597 그들은 아버지와 나를 알지 못하기에, 너희에게 이것을 행할 것이다.

598 다만 너희에게 이것을 얘기하는 것은, 시간이 왔을 때 내가 너희에게 말한 그것들을 너희가 기억하기 위함이다. 내가 너희와 함께 있었기에, 처음부터 이것을 너희에게 말하지 않았다.

599 그러나 지금 나는 나를 보내신 분에게 가는데, 너희 중에 아무도 나에게 '당신은 어디로 가십니까?'라고 요구하여묻지 않는다. 이것을 내가 너희에게 얘기하니, 근심이 너희 마음에 성취되었다.

600 다만 내가 너희에게 진리를 말하는데, 내가 가는 것이 너희

에게 유익하다. 만약 내가 가지 않으면, 보혜사가 너희에게 오시지 않을 것이기 때문이다.

601 만약 내가 가면, 내가 너희에게 그분을 보낼 것이며, 그분이 오셔서, 죄에 대하여, 의에 대하여, 심판에 대하여, 세상을 책망하실 것이다.

602 정말로 죄에 대하여는, 그들이 나를 믿지 않는 것이다. 의에 대하여는, 내가 내 아버지에게 가며, 너희가 더이상 나를 지켜보지 못하는 것이다. 심판에 대하여는, 이 세상의 통치자가 심판받은 것이다.

603 아직 내가 너희에게 말할 많은 것들을 갖고있으나, 너희가 지금은 짊어질 수 없다.

604 그러나 그분 곧 진리이신 영이 오실 때, 그분이 너희를 모든 진리로 인도하실 것이다.

605 그분은 스스로 얘기하지 않을 것이며, 다만 듣는 것들을 얘기하실 것이며, 올 일들을 너희에게 보고하실 것이기 때문이다.

606 그분이 나를 영광스럽게하실 것인데, 내 것에서 받을 것이

며 너희에게 보고하실 것이다.

607 아버지께서 가지신 모든 것들이 내 것이다. 이러므로 내가 말했는데, 그분이 나의 것을 받으실 것이며 너희에게 보고 하실 것이다.

608 내가 내 아버지에게 가기에, 너희는 조금 나를 지켜보지 못 하며, 다시 조금 나를 볼 것이다.”

609 그런즉 그분의 제자들 중에 일부가 서로 말했습니다. “그분 이 우리에게 ‘조금 너희가 나를 지켜보지 못하며, 다시 조금 나를 볼 것이다. 내가 아버지에게 간다.’라고 말씀하신 이것 이 무엇인가?”

610 그런즉 그들이 말했습니다. “‘조금’이라고 그분이 말씀하신 이 것이 무엇인가? 그분이 무엇을 얘기하시는지 알지 못한다.”

611 예수님께서는 그들이 자기에게 요구하여묻기를 원한다는 것 을 아시며, 그들에게 말씀하셨습니다. “‘조금, 너희가 나를 지켜보지 못하며, 다시 조금 나를 볼 것이다.’라고 내가 말한 이것에 대하여, 너희가 너희끼리 찾느냐?

612 진실로 진실로 너희에게 말하는데, 너희는 울며 슬피울 것

이나, 세상은 기뻐할 것이며, 너희는 근심할 것이나, 다만 너희 근심은 기쁨이 될 것이다.

613 여자가 출산할 때에는, 그녀의 시간이 왔기에 근심을 갖지만, 아이를 낳을 때에는, 사람이 세상으로 낳아지는 기쁨 때문에, 환난을 더이상 기억하지 않는다.

614 그런즉 너희가 지금은 근심을 가지나, 다시 내가 너희를 볼 것이며, 너희 마음이 기뻐할 것이며, 아무도 너희에게서 너희 기쁨을 들고가지 못한다.

615 그 날에, 너희가 내게 아무 것도 요구하여묻지 않을 것이다.

616 진실로 진실로 너희에게 말하는데, 너희가 내 이름 안에서 아버지께 구하는 것마다, 그분이 너희에게 주실 것이다.

617 지금까지 너희가 내 이름 안에서 아무 것도 구하지 않았다. 구해라! 그러면 너희가 받을 것인데, 너희 기쁨이 성취되기 위함이다.

618 내가 이것을 너희에게 은유로 얘기하였는데, 다만 내가 더이상 너희에게 은유로 얘기하지 않고, 다만 아버지에 대하여 밝히드러냄으로 너희에게 보고할 시간이 온다.

619   그 날에, 너희가 내 이름 안에서 구할 것이다. 내가 너희에 대하여 아버지께 요구하여물을 것이라고 너희에게 말하는 것은 아니다. 너희가 나를 좋아하였으며 내가 하나님에게서 나왔다는 것을 믿었기에, 아버지 그분이 너희를 좋아하시기 때문이다.

620   나는 아버지에게서 나왔으며, 세상으로 왔다. 다시 세상을 버려두고 아버지에게 간다."

621   그분의 제자들이 그분께 말합니다. "오호! 지금은 밝히드러 냄으로 얘기하시고, 아무 것도 은유로 말씀하지 않으십니다.

622   당신께서 모든 것을 아신다는 것과 어떤 자도 당신에게 요구 하여물을 필요를 갖고있지 않다는 것을 우리가 지금 알았습 니다.

623   이래서, 우리는 당신이 하나님에게서 나오셨다는 것을 믿습 니다."

624   예수님께서 그들에게 대답하셨습니다. "너희가 지금은 믿느 냐? 오! 시간이 오며 지금 왔는데, 너희가 각각 자기자신의 것으로 흩어버려지고, 나만 버려둘 것이다. 그러나 나는 나 만 있지 않고, 아버지께서 나와 함께 계시는 것이다.

625 너희가 내 안에서 평안을 갖게하기 위하여, 이것을 너희에게 얘기하였다.

626 세상에서, 너희가 환난을 갖지만, 다만 담대해라! 내가 세상을 이겼다.”

10장

627절~648절 [개역개정, KJV 17:1~17:26]

중보하시는 예수님

10장

NEW
요한복음

627 예수님께서 이것을 얘기하셨으며, 하늘로 자신의 눈을 드셨으며 말씀하셨습니다. "아버지! 시간이 왔습니다. 당신의 아들을 영광스럽게하옵소서! 당신의 아들도 당신을 영광스럽게하기 위함입니다.

628 당신이 모든 육체의 권세를 그에게 주신 것처럼, 당신이 그에게 주신 자 모두에게, 그가 영원한 생명을 주기 위함입니다.

629 이것이 영원한 생명인데, 오직 참 하나님이신 당신과 당신이 보내신 예수 그리스도를 아는 것입니다.

630 나는 땅에서 당신을 영광스럽게하였으며, 제게 행하라고 주신 행위을 온전케하였습니다.

631 아버지! 세상 전에, 당신과 있으면서, 당신자신과 가졌던 영

광으로, 지금 당신이 저를 영광스럽게하옵소서!

632 저는 세상에서 제게 주신 사람들에게 당신의 이름을 공개하였습니다. 그들은 당신의 것이었으며, 당신이 그들을 제게 주셨는데, 그들은 당신의 말씀을 지켰습니다.

633 당신이 제게 주신 모든 것들이 당신에게 있다는 것을, 지금 그들이 알았는데, 당신이 제게 주신 선포된말씀들을 제가 그들에게 주었으며, 그들은 받았으며, 제가 당신에게서 나왔다는 것을 그들이 참으로 알았으며 당신이 저를 보내셨다는 것을 믿었습니다.

634 제가 그들에 대하여 요구하여묻습니다. 세상에 대하여 요구하여묻는 것이 아니라, 다만 당신이 제게 주신 자들에 대하여 요구하여묻는데, 그들은 당신의 것입니다.

635 우리의 것은 모두 당신의 것이며, 당신의 것은 우리의 것입니다. 저는 그들 안에서 영광받았습니다.

636 저는 더이상 세상에 있지 않으나, 이들은 세상에 있으며, 저는 당신에게 갑니다.

637 거룩하신 아버지! 우리가 하나인 것처럼 그들이 하나로 있기

위해, 제게 주신 당신의 이름 안에서 그들을 지켜주옵소서!

638 제가 그들과 함께 세상에 있을 때, 저는 당신이 제게 주신 당신의 이름 안에서 그들을 지켰고, 지켜내었으며, 그들 중에 멸망의 아들 외에는 아무도 멸망하지 않았는데, 성경이 성취되기 위함입니다.

639 저는 지금 당신에게 가며, 그들이 그들 안에 성취된 나의 기쁨을 가진 것, 이것을 제가 세상에서 얘기합니다.

640 제가 그들에게 당신의 말씀을 주었고, 세상이 그들을 미워하였는데, 제가 세상에 있지 않은 것처럼 그들도 세상에 있지 않은 것입니다.

641 저는 당신이 세상에서 그들을 들고가시기를 요구하여묻는 것이 아니라, 다만 악한 자에게서 그들을 지켜주시기를 요구하여묻습니다.

642 제가 세상에 있지 않은 것처럼, 그들은 세상에 있지 않습니다.

643 그들을 당신의 진리로 거룩하게하옵소서! 당신의 말씀은 진리입니다.

644 당신이 저를 세상으로 보내신 것처럼, 저도 그들을 세상으로 보냈습니다. 제가 그들을 위하여 저자신을 거룩하게하는데, 그들도 진리로 거룩되어져 있기 위함입니다.

645 제가 이들에 대하여만 요구하여묻는 것이 아니라, 다만 그들의 말을 통하여 나를 믿을 자들에 대하여도 요구하여묻는 것입니다. 아버지! 당신이 제 안에, 저도 당신 안에 있는 것처럼, 모두가 하나로 있기 위함이며, 그들도 우리 안에 하나로 있기 위함이며, 당신이 저를 보내셨다는 것을 세상이 믿기 위함입니다.

646 당신이 제게 주신 영광을 제가 그들에게 준 것은, 우리가 하나로 있는 것처럼 그들도 하나로 있기 위함입니다. 제가 그들 안에 당신이 제 안에 계신 것은, 그들이 하나로 온전케되기 위함이며, 또한 당신이 저를 보내셨다는 것과 당신이 저를 사랑하신 것처럼 그들도 사랑하셨다는 것을 세상이 알기 위함입니다.

647 아버지! 당신이 제게 주신 그들도, 제가 있는 곳에 저와 함께 있기를 원하는 것은, 당신이 세상의 창조 전에 저를 사랑하셨기에 제게 주신 저의 영광을 그들이 지켜보기 위함입니다.

648 의로우신 아버지! 세상은 당신을 알지 못했지만, 저는 당신

을 알았고, 당신이 저를 보내셨다는 것을 이들도 알았습니다. 제가 그들에게 당신의 이름을 알게하였으며 또한 알게할 것인데, 저를 사랑하신 사랑이 그들 안에 있기 위함이며 저도 그들 안에 있기 위함입니다."

11장

649절~734절 [개역개정, KJV 18:1~19:42]

나의 왕이신 예수님

11장

NEW
요한복음

649 예수님께서 이것을 말씀하시고 그분의 제자들과 기드론의 시 내 건너로 함께 나가셨는데, 거기에 동산이 있었으며, 그분과 그분의 제자들이 거기로 들어가셨습니다.

650 그분을 넘겨주는 유다도 그 장소를 알았는데, 자주 예수님께 서 그분의 제자들과 함께 거기서 모였던 것입니다.

651 그런즉 유다가 중대 및 대제사장들과 바리새인들에게서의 사 역자들을 받아, 횃불들과 등불들과 무기들을 가지고 거기 옵 니다.

652 그런즉 예수님께서는 자기에게 오는 모든 것을 아시고, 나가 서 그들에게 말씀하셨습니다. "너희는 누구를 찾느냐?" 그 들이 그분께 대답했습니다. "나사렛인 예수님입니다."

653 예수님께서 그들에게 말씀하십니다. "내가 그다."

654 그분을 넘겨주는 유다도 그들과 함께 서있었습니다.

655 그런즉 그분이 그들에게 "내가 그다."라고 말씀하시자, 그들은 뒤로 갔으며 땅가까이 엎드렸습니다.

656 그런즉 그분이 다시 그들에게 물으셨습니다. "너희는 누구를 찾느냐?" 그러자 그들이 말했습니다. "나사렛인 예수님입니다."

657 예수님께서 대답하셨습니다. "내가 너희에게, 내가 그라고 말했다.

658 그런즉 나를 찾는다면, 이들이 가는 것을 허용해라!" "그들 중에 당신이 제게 주신 아무도 멸망하지 않았습니다."라고 그분이 하신 말씀이 성취되기 위함입니다.

659 칼을 가진 시몬 베드로가, 그것을 끌어당겼으며, 대제사장의 종을 갈겨쳤으며, 그의 오른쪽 귓바퀴를 잘라버렸습니다.

660 종 이름은 말고였습니다.

661 그런즉 예수님께서 베드로에게 말씀하셨습니다. "네 칼을 칼집으로 넣어라! 아버지께서 내게 주신 잔, 그것을 결코 마시지 않겠느냐?"

662 그런즉 중대와, 천부장과, 유대인들의 사역자들이 예수님을 잡았으며, 그분을 묶었으며, 첫번째로 안나스에게 그분을 잡아끌고갔습니다. 그는 그 해의 대제사장이었던 가야바의 장인이었기 때문입니다.

663 가야바는, 백성을 위하여 한 사람이 멸망하는 것이 유익하다고, 유대인들과 결의한 자였습니다.

664 시몬 베드로와 다른 제자는 예수님을 따랐습니다.

665 그 제자는 대제사장을 아는 자였으며, 대제사장의 뜰로 예수님과 함께들어갔습니다. 그러나 베드로는 문 밖에 서있었습니다.

666 대제사장을 아는 자였던 다른 제자가 나가서 문지기에게 말하였으며 베드로를 데리고들어왔습니다.

667 그런즉 문지기 어린여종이 베드로에게 말합니다. "당신도 이 사람의 제자 중에 있지 않느냐?" 그가 말합니다. "나는 아

니다."

668 종들과 사역자들이 숯불을 피우고 서있었으며, 차가웠기에 뜨겁게하였습니다. 베드로도 그들과 함께 서서 뜨겁게하고 있었습니다.

669 그런즉 대제사장이 예수님에게 그분의 제자들에 대하여 그리고 그분의 가르침에 대하여 요구하여물었습니다.

670 예수님께서 그에게 대답하셨습니다. "내가 세상에 밝히드러냄으로 얘기했다. 나는 유대인들이 항상 함께하는 회당에서 그리고 성전에서 항상 가르쳤으며, 은밀하게는 아무 것도 얘기하지 않았다.

671 왜 내게 묻느냐? 내가 그들에게 무엇을 얘기했는지, 들은 자들에게 물어라! 오호! 이들은 내가 말한 것을 알고 있다."

672 그러나 그분이 이것을 말씀하시자, 곁에선 사역자들 중 한 명이, "대제사장에게 이같이 대답하느냐?"라고 말하며, 예수님에게 손으로침을 주었습니다. 예수님께서 그에게 대답하셨습니다. "나쁘게 얘기했다면, 나쁜 것에 대하여 증거해라! 좋게 얘기했다면, 왜 나를 때리느냐?"

673 안나스는 묶여있는 그분을 대제사장 가야바에게 보냈습니다.

674 시몬 베드로는 서서 뜨겁게하고 있었습니다. 그런즉 그들이 그에게 말했습니다. "당신도 그분의 제자들 중에 있지 않느냐?" 그가 부인하였으며 말했습니다. "나는 아니다."

675 베드로가 귓바퀴를 잘라버린 자의 친족으로서, 대제사장의 종들 중의 한 명이 말합니다. "그분과 함께 동산에서 내가 당신을 보지 않았느냐?" 그런즉 베드로가 다시 부인하였는데, 곧바로 닭이 소리내어불렀습니다.

676 그들이 예수님을 가야바에게서 관정으로 끌고왔습니다. 새벽이었고, 그들은 관정으로 들어가지 않았는데, 부정하게되지 않기 위함이며, 다만 유월절을 먹기 위함이었습니다.

677 그런즉 빌라도가 그들에게 나갔으며 말했습니다. "너희는 이 사람을 거스려 무슨 고소할증거를 가져오느냐?" 그들이 대답하였으며 그에게 말했습니다. "이분이 악행하는 자가 아니라면, 우리가 그분을 당신에게 넘겨주지 않았습니다."

678 그런즉 빌라도가 그들에게 말했습니다. "너희가 그분을 받아라! 그리고 너희 율법에 따라 그분을 심판해라!"

679 유대인들이 그에게 말했습니다. "어떤 자도 죽이는 것이 우리에게는 옳지 않습니다." 어떠한 죽음으로 죽게 될 것인지를 표적화시켜 말씀하신 예수님의 말씀이 성취되기 위함입니다.

680 빌라도가 다시 관정으로 들어갔으며, 예수님을 소리내어불렀으며 그분께 말했습니다. "네가 유대인들의 왕이냐?"

681 예수님께서 그에게 대답하셨습니다. "네가 스스로 이것을 말하느냐? 아니면 다른 자들이 내게 대하여 네게 말했느냐?"

682 빌라도가 대답했습니다. "나는 유대인이 아니지 않느냐? 너의 이방과 대제사장들이 너를 내게 넘겨주었다. 네가 무엇을 행하였느냐?" 예수님께서 대답하셨습니다. "나의 왕국은 이 세상에 있지 않다. 나의 왕국이 이 세상에 있다면, 내가 유대인들에게 넘겨지지 않도록 우리의 사역자들이 힘썼을 것이다. 지금 나의 왕국은 이곳에 있지 않다."

683 그런즉 빌라도가 그분께 말했습니다. "그러면 네가 왕이냐?" 예수님께서 대답하셨습니다. "네가 말한대로, 나는 왕이다.

684 이것을 위하여 내가 낳아졌으며, 이것을 위하여 세상에 왔는데, 진리를 증거하기 위함이다.

685 진리에 있는 자는 모두 내 음성을 듣는다."

686 빌라도가 그분께 말합니다. "진리가 무엇이냐?" 이것을 말하고, 다시 유대인들에게 나가서 그들에게 말합니다. "나는 그분 안에 아무 죄목도 발견하지 못한다. 유월절에 너희에게 한 명을 놓아보내는 관습이 너희에게 있다. 그런즉 내가 너희에게 유대인들의 왕을 놓아보내기를 뜻하느냐?"

687 그런즉 모두가 말하기를, "이분이 아니라, 다만 바라바입니다."라고 다시 소리쳤는데, 바라바는 강도였습니다.

688 그런즉 그때 빌라도가 예수님을 받았으며, 채찍질하였습니다.

689 군인들은 가시나무에서 왕관을 엮어 그분의 머리에 얹었으며, 그분에게 자주색 겉옷을 입혔으며 말했습니다. "유대인들의 왕이여! 기뻐해라!" 그리고 그분에게 손으로침을 주었습니다.

690 그런즉 빌라도가 다시 밖에 나갔으며, 그들에게 말합니다. "오호! 내가 너희에게 그분을 밖으로 끌고오는 것은, 그분에게서 아무 죄목도 발견하지 못했다는 것을 너희가 알기 위함이다."

691 그런즉 예수님께서 밖으로 나오셨는데, 가시의 왕관을 쓰시고 자주색 겉옷을 입고 있었습니다.

692 그가 그들에게 말합니다. "오호! 이 사람이다."

693 그런즉 대제사장들과 사역자들이 그분을 보았을 때 말하기를, "당신이 십자가에못박으십시오! 당신이 십자가에못박으십시오!"라고 소리쳤습니다.

694 빌라도가 그들에게 말합니다. "너희가 그분을 받아라! 그리고 너희가 십자가에못박아라! 나는 그분 안에 죄목을 발견하지 못하기 때문이다."

695 유대인들이 그분께 대답했습니다. "우리들은 율법을 갖고있는데, 우리의 율법을 거스려 그분은 죽는 것에 빚졌는데, 그분은 자신을 하나님의 아들로 만든 것입니다."

696 그런즉 빌라도가 이 말을 들었을 때, 더욱 두려워하였으며, 관정으로 다시 들어갔으며 예수님께 말합니다. "너는 어디서 났느냐?" 그러나 예수님께서는 그에게 대답을 주지 않으셨습니다.

697 그런즉 빌라도가 그분께 말합니다. "내게 얘기하지 않느냐?

내가 너를 십자가에못박을 권세도, 너를 놓아보낼 권세도 갖고있다는 것을 너는 알지 못하느냐?"

698 예수님께서 대답하셨습니다. "위로부터 네게 주어지지 않았다면, 너는 나를 거스르는 아무 권세를 갖지 못했다. 이러므로 나를 네게 넘겨준 자는 더큰 죄를 갖는다."

699 이 말로, 빌라도는 그분을 놓아보내려 하였습니다.

700 그러자 유대인들이 소리질러 말했습니다. "만약 이분을 놓아보낸다면, 당신은 가이사의 친구가 아닙니다. 그를 왕으로 만드는 자가 모두 가이사를 반대하는 것입니다."

701 그런즉 빌라도가 이 말을 듣고는, 예수님을 밖으로 끌고갔으며, 히브리어로 가바다, 곧 돌포장이라 하는 장소인 재판석에 앉았습니다.

702 그 날은 유월절 예비일이었으며, 시간은 6시 정도였습니다. 그가 유대인들에게 말합니다. "오호! 너희 왕이다."

703 그러자 그들이 소리쳤습니다. "들고가십시오! 들고가십시오! 그분을 십자가에못박으십시오!"

704 빌라도가 그들에게 말합니다. "내가 너희 왕을 십자가에못박
으랴?" 대제사장들이 대답했습니다. "우리는 가이사 외에 왕
을 갖고있지 않습니다."

705 그런즉 그때 그분이 십자가에못박히도록, 그가 그들에게 그
분을 넘겨주었습니다.

706 그러자 그들이 예수님을 데려갔으며 잡아끌고갔습니다. 그분
이 자기 십자가를 짊어지시고, 히브리어로 골고다 하는, 해
골의 장소라 하는 곳으로 나오셨습니다.

707 그곳에서 그들이 그분을 십자가에못박았는데, 그분과 함께 다
른 둘은 이곳과 저곳이었으며, 예수님은 한가운데였습니다.

708 빌라도가 패를 기록하였으며, 십자가 위에 두었는데, "나사
렛인 예수, 유대인들의 왕"이라고 기록되어 있었습니다.

709 그런즉 예수님이 십자가에못박히신 장소가 성에서 가까이 있
었기에, 유대인들 중 많은 자들이 이 패를 읽었는데, 히브리
어와 헬라어와 로마어로 기록되어 있었습니다.

710 그런즉 유대인들의 대제사장들이 빌라도에게 말했습니다.
"'유대인들의 왕'이라고 기록하지 마십시오! 다만, '그가 말

했다. "나는 유대인들의 왕이다."'라고 기록하십시오!"

711 빌라도가 대답했습니다. "나는 기록할 것을 기록한 것이다."

712 그런즉 군인들이 예수님을 십자가에못박았을 때 그분의 겉옷들을 받았으며, 각각 군인에게 한 부분씩 곧 네 부분을 만들었으며, 속옷도 받았습니다.

713 속옷은 깁지않고, 위부터 전체로 짠 것이었습니다.

714 그런즉 그들이 서로 말했습니다. "그것을 갈라지게하지 말고, 다만 그것이 누구 것일까 그것에 대하여 우리가 제비뽑읍시다." "그들자신들이 내 겉옷들을 나누었으며, 내 겉속옷에 제비돌을 던졌습니다."라고 말한 성경이 성취되기 위함입니다.

715 그런즉 정말로 군인들이 이것을 행하였습니다.

716 예수님의 십자가 곁에는 그분의 어머니와 그분의 어머니의 자매와 글로바의 아내 마리아와 막달라 마리아가 서있었습니다.

717 그런즉 예수님께서는 어머니와 사랑하시는 제자가 곁에서있는 것을 보시고 자기 어머니께 말씀하십니다. "여자여! 오! 당신의 아들입니다."

718 후에 제자에게 말씀하십니다. "오! 너의 어머니이시다."

719 그 시간부터, 그 제자는 그녀를 자기자신의 곳으로 받았습니다.

720 이 후, 예수님께서는 이미 모든 것들이 끝마쳐졌다는 것을 아시고, 성경이 온전케되도록 말씀하십니다. "목마르다."

721 그런즉 신포도주가 가득한 그릇이 놓여있는데, 신포도주로 가득찬 해면스펀지를, 우슬초로 둘러 그분의 입에 바쳤습니다.

722 그런즉 신포도주를 받으셨을 때, 예수님께서 말씀하셨습니다. "끝마쳐졌다." 그리고 그분은 머리를 누이시고, 영을 넘겨주셨습니다.

723 그런즉 그 날은 예비일이었으며, 그 안식일은 큰 날이었기 때문에, 유대인들은 안식일에 몸들이 십자가에 머물지 않도록, 그들의 다리들이 꺾여져 들고가질 것을 빌라도에게 요구하여 물었습니다.

724 그런즉 군인들이 갔으며, 그분과 함께십자가에못박힌 첫번째와 다른 자의 다리들을 꺾었습니다.

725 예수님께 와서는, 그분이 이미 죽으신 것을 보자, 그분의 다리들을 꺾지 않았습니다. 다만 군인들 중 한 명이 자기 창으로 옆구리를 찔렀으며, 곧바로 피와 물이 나왔습니다.

726 본 자가 증거한 것이며, 그의 증거가 참되며, 여러분이 믿도록 그가 참된 것을 말한다는 것을 그분이 아십니다.

727 "그분의 뼈가 부러지지 않을 것이다."라는 성경이 성취되기 위하여, 이것이 되었기 때문입니다.

728 다시 또다른 성경은 말합니다. "그들이 찔러버린 분을, 그들이 볼 것이다."

729 이 후, 유대인들에의 두려움 때문에 감추어진 예수님의 제자인, 아리마대 출신의 요셉이, 예수님의 몸을 들고갈 것을 빌라도에게 요구하여물었으며, 빌라도가 허락하였습니다.

730 그런즉 그가 갔으며 예수님의 몸을 들고갔습니다.

731 첫번째로 예수님에게 밤에 왔던 니고데모도 몰약과 알로에 섞은 것, 32.7kg 정도를 가지고 왔습니다.

732 그런즉 그들이 예수님의 몸을 받았으며, 유대인들을 장사지내

는 전례대로, 그것을 향품과 함께 이불보자기로 묶었습니다.

733 십자가에못박히신 장소에 동산이 있었고, 어떤 자도 두어진
적이 없는, 새 무덤이 있었습니다.

734 그런즉 유대인들의 예비일이기 때문에, 또한 무덤이 가까이
있기에, 거기에 예수님을 두었습니다.

735절~**795**절 [개역개정, KJV 20:1~21:25]

부활하신 예수님의 전파

12장

NEW
요한복음

735 안식의 날 1일, 아직 어둠의 새벽이었는데, 막달라 마리아가 무덤으로 와서, 돌이 무덤에서 들려가진 것을 봅니다.

736 그런즉 그녀는 시몬 베드로 및 예수님이 좋아하시는 다른 제자에게 달려서 와서, 그들에게 말합니다. "사람들이 무덤에서 주님을 들고갔는데, 우리는 그들이 그분을 어디에 두었는지 알지 못합니다."

737 그런즉 베드로 및 다른 제자가 나갔으며, 무덤으로 갔습니다.

738 둘이 같이 달렸는데, 다른 제자가 베드로보다 더급하게 향해 달려가, 무덤으로 먼저 왔으며, 구부려, 이불보자기들이 놓여진 것을 보고, 하지만 들어가지 않았습니다.

739 시몬 베드로가 그를 따라서 와서, 무덤으로 들어갔으며, 이불

보자기들이 놓여진 것과, 그분의 머리 위에 있던 수건이 이불 보자기들과 함께 놓이지 않고, 다만 따로 한 장소에 말려진 것을 지켜봅니다.

740 그런즉 그때 무덤에 먼저 왔던 다른 제자도 들어갔으며 보았으며 믿었습니다. 그분이 죽은 자들에서 일어서야 한다는 성경을, 그들이 안 적이 없었기 때문입니다.

741 제자들은 자신들만 다시 갔습니다.

742 그러나 마리아는 무덤 밖에서 울면서 서있었습니다.

743 그런즉 그녀는 울면서, 무덤으로 구부렸으며, 흰 것을 입은 두 천사가 앉아있는 것을 지켜보는데, 한 명은 예수님의 몸이 놓여있던 머리 앞에, 한 명은 발 앞에 있었습니다.

744 그들이 그녀에게 말합니다. "여자여! 왜 웁니까?" 그녀가 그들에게 말합니다. "그들이 내 주님을 들고갔는데, 그들이 그분을 어디에 두었는지 내가 알지 못합니다."

745 이것을 말하고 뒤로 돌아서졌으며 예수님이 서신것을 지켜보는데, 그분이 예수님이신 것을 알지 못했습니다.

746 예수님께서 그녀에게 말씀하십니다. "여자여! 왜 우느냐? 누구를 찾느냐?" 그녀는 그분이 동산지기라고 생각하고 그분께 말합니다. "주여! 당신이 그분을 짊어졌다면, 그분을 어디에 두었는지 내게 말해주십시오! 나도 그분을 들고갈 것입니다."

747 예수님께서 그녀에게 말씀하십니다. "마리아야!" 그녀가 돌아서져 그분께 말합니다. "대랍비님!"('선생님'이라는 말입니다)

748 예수님께서 그녀에게 말씀하십니다. "나를 만지지 말아라! 아직 내가 내 아버지에게 올라가지 못하였기 때문이다. 내 형제들에게 가라! 그리고 '나는 내 아버지이시며 너희 아버지 곧 내 하나님이며 너희 하나님에게 올라간다.'라고 그들에게 말해라!"

749 막달라 마리아가 가서, 그녀가 주님을 보았다는 것과 그분이 자기에게 이것을 말씀하셨다는 것을 제자들에게 전한 것입니다.

750 안식의 날 1일, 그 날이 저물었는데, 유대인들에 대한 두려움 때문에 제자들이 모여 있는 곳에, 문들이 닫혀있는데, 예수님께서 오셨으며 한가운데 서셨으며 그들에게 말씀하십니다. "평안이 너희에게!"

751 이것을 말씀하시고, 그들에게 자신의 양손과 옆구리를 보여 주셨습니다.

752 그런즉 제자들이 주님을 보고 기뻐하였습니다.

753 그런즉 예수님께서 그들에게 다시 말씀하셨습니다. "평안이 너희에게! 아버지께서 나를 보내신 것처럼, 나도 너희를 보낸다."

754 이것을 말씀하시며 숨을내쉬셨으며, 그들에게 말씀하십니다. "거룩한 영을 받아라!

755 너희가 누구의 죄들을 사하든지, 그것들이 그들에게 사해지며, 너희가 누구의 죄들을 붙잡든지, 그것들이 붙잡아진다."

756 열 둘 중에 한 명인 디두모라 하는 도마는 예수님이 오셨을 때 그들과 함께 있지 않았습니다.

757 그런즉 다른 제자들이 그에게 말했습니다. "우리가 주님을 보았다."

758 그러나 그가 그들에게 말했습니다. "만약 내가 그분의 양손에 못의 자국을 보고, 못의 자국으로 내 손가락을 넣으며, 내

손을 그분의 옆구리에 넣지 않는다면, 결코 믿지 않으리라."

759 다시 8일 후, 그분의 제자들이 안에 있는데, 도마도 그들과 함께 있었습니다.

760 문들이 닫혀있는데, 예수님께서 오셔서, 한가운데 서셨으며 말씀하셨습니다. "평안이 너희에게!"

761 후에, 도마에게 말씀하십니다. "네 손가락을 여기 가져와라! 그리고 내 양손을 보아라! 그리고 네 손을 가져와라! 그리고 내 옆구리에 넣어라! 믿음없는 자가 되지 말고, 다만 믿음있는 자가 되어라!"

762 도마가 대답하였으며 그분께 말했습니다. "나의 주님! 나의 하나님!"

763 예수님께서 그에게 말씀하십니다. "도마야! 나를 보았기에, 믿었느냐? 보지 않고 믿는 자들은 복있다."

764 그런즉 정말로 예수님께서는 그분의 제자들 앞에서 이 책에 기록되어 있지 않은 많은 다른 표적들도 행하셨습니다.

765 그러나 예수님이 하나님의 아들, 그리스도이심을 여러분이

믿게 하기 위하여 또한 믿어 그분의 이름 안에서 생명을 갖게 하기 위하여, 이것이 기록된 것입니다.

766 이 후, 예수님께서 다시 디베랴의 바다에서 제자들에게 자신을 공개하셨는데, 이같이 공개하셨습니다.

767 시몬 베드로와 디두모라 하는 도마와 갈릴리 가나 출신 나다나엘과 세베대의 아들들과 그분의 제자들 중에 다른 2명이 함께 있었습니다.

768 시몬 베드로가 그들에게 말합니다. "나는 물고기잡으러 간다." 그들이 그에게 말합니다. "우리도 너와 함께 간다."

769 그들이 나갔으며, 곧바로 배에 올랐으나, 그 밤에 아무 것도 잡아들이지 못했습니다.

770 이미 새벽이 되어, 예수님께서 해변에 서셨습니다. 하지만 제자들은 그분이 예수님이신 것을 알지 못했습니다.

771 그런즉 예수님께서 그들에게 말씀하십니다. "아이들아! 무슨 고기를 갖고있지 않느냐?" 그들이 그분께 대답했습니다. "없습니다."

772   그러자 그분이 그들에게 말씀하셨습니다. "그물을 배의 오른편 부분으로 던져라! 그러면 발견할 것이다."

773   그런즉 그들이 던졌으며, 물고기들의 무리로 더이상 그것을 끌어당기는데 강하지 않았습니다.

774   그런즉 예수님께서 사랑하시는 그 제자가 베드로에게 말합니다. "그분은 주님이시다."

775   그런즉 시몬 베드로는 그분이 주님이시라고 듣고, 벗은채 있었기 때문에 덧옷을 세게둘렀으며, 자신을 바다로 던졌습니다.

776   작은배의 다른 제자들은, 물고기 그물을 당기면서 왔는데, 땅에서 다만 약 100m로 멀리 있지 않았기 때문입니다.

777   그들이 땅으로 떠나오자, 숯불이 놓여있고 먹을생선이 앞에 놓인 것과 빵을 봅니다.

778   예수님께서 그들에게 말씀하십니다. "지금 잡아들인 먹을생선들에게서 일부를 가져와라!"

779   시몬 베드로가 올라갔으며, 153마리의 큰 물고기들이 가득한, 그물을 땅에 끌어당겼는데, 이정도 있었지만 그물이 갈라

지지 않았습니다.

780 예수님께서 그들에게 말씀하십니다. "와서, 너희는 정찬해라!"

781 그분이 주님이라는 것을 알기에, 제자들 중 아무도 그분께 "당신은 누구십니까?"라고 캐묻는데 담대하지 못했습니다. 예수님께서 가셔서 빵을 받으시고 그들에게 주시며, 먹을생선도 비슷하게 하셨습니다.

782 이것은 이미 예수님께서 죽은 자들에서 일으켜지셔서 자기 제자들에게 세번째로 공개되신 것입니다.

783 정찬할 때, 예수님께서 시몬 베드로에게 말씀하십니다. "요나의 아들 시몬아! 네가 이들보다 더많이 나를 사랑하느냐?" 그가 그분께 말합니다. "그렇습니다! 주님! 당신은 제가 당신을 좋아하는 것을 아십니다."

784 그분이 그에게 말씀하십니다. "내 어린양들을 먹여라!"

785 다시 두번째 그에게 말씀하십니다. "요나의 아들 시몬아! 나를 사랑하느냐?" 그가 그분께 말합니다. "그렇습니다! 주님! 당신은 제가 당신을 좋아하는 것을 아십니다."

786 그분이 그에게 말씀하십니다. "내 양들을 목양해라!"

787 세번째, 그에게 말씀하십니다. "요나의 아들 시몬아! 나를 좋아하느냐?" 베드로는 "나를 좋아하느냐?"라고 그분이 세번째 자기에게 말씀하셨기에 근심되었습니다. 그리고 그분께 말했습니다. "주님! 당신은 모든 것을 아십니다. 제가 당신을 좋아하는 것을 당신이 아십니다."

788 예수님께서 그에게 말씀하십니다. "내 양들을 먹여라!

789 진실로 진실로 네게 말하는데, 너는 더젊었을 때, 너자신이 띠띠고, 원하는 곳으로 걸어다녔으나, 늙었을 때, 너는 네 양손을 내밀 것이며 다른 자가 네게 띠띨 것이며, 원치않는 곳으로 데려갈 것이다."

790 이것은 그가 무슨 죽음으로 하나님께 영광돌릴 것을 표적화 시켜 말씀하신 것입니다. 이것을 말씀하시고, 그에게 말씀하십니다. "나를 따라라!"

791 베드로가 돌아와져서, 예수님이 사랑하시는 제자가 따르는 것을 보는데, 그는 잔치에서 그분의 가슴에 비스듬히앉아서, "주님! 당신을 넘겨주는 자가 누구입니까?"라고 말했던 자 입니다.

792 베드로가 이자를 보고 예수님께 말합니다. "주님! 이자는 어떻습니까?" 예수님께서 그에게 말씀하십니다. "만약 내가 올 때까지 그를 머물게하기를 원한다 해도, 너에게 무슨 상관이냐? 너는 나를 따라라!"

793 그런즉 이 말씀이 형제들에게, "그 제자는 죽지 않는다."라고 나갔는데, 예수님께서는 그가 죽지 않는다고 그에게 말씀하신 것이 아니라, 다만 "만약 내가 올 때까지 그를 머물게하기를 원한다 해도, 너에게 무슨 상관이냐?"라고 말씀하신 것입니다.

794 이자가 이것에 대하여 증거하고 이것을 기록한 제자입니다. 우리는 그의 증거가 참되다는 것을 압니다.

795 예수님께서 행하신, 다른 많은 것들도 있는데, 만약 그것이 하나씩 기록된다면, 기록되는 책들을 이 세상이 수용하지 못한다고, 나는 인식합니다. 진실로!

NEW
요한복음

박경호 헬라어 스트롱사전

[1:1 한글 대응]

NEW 마태복음, NEW 누가복음,
NEW 마가복음, NEW 요한복음에 사용된 단어를 수록하였습니다

스트롱코드	뜻
5	아바
6	아벨
7	아비야
9	아빌레네
10	아비훗
11	아브라함
12	음부
15	선행하다
18	선한, 선한 (자)(것)
20	즐거움
21	즐거워하다
23	분내다
25	사랑하다
26	사랑
27	사랑한, 사랑하는
29	강요하다
30	그릇
32	천사, 전달자
34	떼
37	거룩하다, 거룩하게하다
40	거룩한 (자)(분)
43	팔뚝
44	낚시
46	말끔한
48	성결케하다
50	못통찰하다
58	시장
59	사다
61	어획

63	들에있다
64	트집잡다
66	야생
68	밭, 촌, 들
69	잠자지못하다, 잠자지못하게하다
71	끌려가(오)다, 끌고가(오)다
74	영적싸움
75	힘쓰다
79	자매, 누이
80	형제
82	분명치않은
85	슬퍼하다
86	지옥
91	불의를따라보응하다, 불의하다
93	불의
94	불의한 (자)
101	능치못하다
102	불가능한 (것)
104	언제나
105	독수리
106	무교절
107	아소르
114	저버리다
121	부당한
123	해변
125	애굽
129	피, 혈통(복수)
131	피흘리다
134	찬송하다

136	찬송	198	자세히묻다
137	애논	199	자세히, 자세하게
140	선택하다	200	메뚜기
142	들고가다, 들어라(명령), 들려져라(명령), 들고오다, 들려가진	206	맨끝
		208	폐하다
		211	옥합
143	감지하다	214	징징대다
152	수치	216	말못하는 (자)
153	수치스럽다	217	소금
154	구하다	218	기름바르다
155	요구	219	닭소리
156	죄목	220	닭
158	죄명	223	알렉산더
160	홀연히	224	가루
163	포로잡다(수동 : 포로잡히다)	225	진리
164	포로	227	참된
165	세상, 영원	228	참, 참인
166	영원한	229	(매)갈다
167	더러움	230	참으로
169	더러운	231	어부
173	가시나무	232	물고기잡다
174	가시	233	짜게하다
175	열매없는	235	다만
181	소란	237	다른쪽으로
185	순결하다	240	(3인칭) 남(들), (2인칭) 서로를, 서로에게
188	아직까지		
189	소문	241	외국인
190	따르다	242	솟아나다
191	듣다(수동 : 들리다)	243	다른, 다른쪽
192	무능력	245	남(타인을 지칭)

250	알로에	307	끌어내다
251	짠물	308	올려보다
254	쇠사슬	309	올려봄
256	알패오	310	탄원하다
257	타작마당	312	보고하다
258	여우	314	읽다
260	한가지로	315	강권하다
264	범죄하다	318	부득이함
265	범죄	321	이끌다(수동 : 이끌려지다)
266	죄, (복수)죄들	322	임명하다
268	죄인, 죄있는	323	임명
272	등한히여기다	326	위로살아나다 (영적으로 살아나는 것)
273	흠없이	327	찾다
275	걱정없게(없도록)	331	욕설
281	진실(로)	332	욕설하다
284	아미나답	334	헌물
285	모래	335	강청함
286	흠없는양	337	죽이다
288	포도나무	338	무죄한
289	포도원지기	339	바르게앉다
290	포도원	344	돌이키다(영적으로 돌아감)
293	그물	345	앉아식사하다
294	입히다(수동 : 입다)	347	앉다, 앉히다
296	사거리	349	부르짖다
297	둘	350	판단하다
300	아몬	352	펴서일어나다
302	~마다, ~것이며, ~(하)든지	353	승천하다
303	씩(단위), 위쪽	354	승천
305	(물에서)올라오다, (산에)올라가다	355	분리소멸하다

358	짠맛없는	424	위로가다
360	풀려나다	429	찾아내다
361	죄없는자	430	용납하다
363	위로부터생각나다	432	회향
364	위로부터생각남	435	남자
372	쉼	436	대적하다
373	쉬다, 쉬게하다	437	감사하다
375	올려보내다	439	숯불
376	앉은뱅이	442	인간
377	비스듬히앉다	443	사람죽이는자
378	이루다	444	사람
380	두루말아펴다	449	씻지않은
381	불붙다	450	일어서다, 일어나게하다
383	선동하다	451	안나
385	끌어올리다	452	안나스
386	부활	453	통찰력없는
389	위로부터탄식하다	454	지각없음
390	활동하다, 엎다	455	열다
392	저술하다	458	불법
393	솟아오르다	459	불법자
395	동방(복수), 동쪽(단수)	461	똑바로일어나다
398	위로나타나다	465	교환
399	올리다	467	보답하다
400	높이부르다	468	보답
402	물러가다	470	반박하다
406	안드레	471	변박하다
413	없어지지않는	472	중히여기다
414	참을만하다	473	대신, 대응하는, 이어, ~에 대하여, 대
417	바람		
418	불가능한	474	주고받다

476	소송자	539	유혹
479	답례로부르다	544	불순종하다
480	적대하다	545	순종하지않는 (자)
482	돕다	560	바라다
483	반대하다(수동 : 반대당하다)	561	맞은편(에서)
488	반대로측정하다	565	퍼지다, 가다(오다)
492	피해지나가다	568	떨어져있다
495	반대편	569	안믿다
501	(물)뜨다	570	믿음없음
502	물뜨는것	571	믿음없는
504	물없는	573	성한
507	위	575	~(로)부터,~로, ~에게서, ~출신
508	다락방	576	떠나오다
509	위, 위부터, 위로부터	577	내어버리다
511	(더)위로	582	호적
513	도끼	583	호적하다
514	마땅한	586	십일조드리다
515	당연하다	588	환영하다
518	전하다	589	외국나가다
519	목매달다	590	외국나가는
520	잡아끌고가다	591	갚다
522	(수동 : 빼앗기다)	593	버리다(수동 : 버림받다)
523	돌려달라하다	596	곳간
525	변화하다	598	밀치다
527	연한, 연하게	599	죽다
528	만나다	600 (†600b)	회복하다, 회복시키다
529	만남	601	나타나다
533	거부하다	602	계시
535	준공	606	따로놓다
537	일체모든 (것) (자)		

607	목베다	654	돌이켜머물다
608	봉쇄하다	656	출교의
609	잘라버리다	657	작별하다
611	대답하다	660	떨쳐버리다
612	대답	667	받아데려가다 (수동 : 받아데려가지다)
613	숨기다		
614	숨긴	672	떠나가다
615	죽이다(수동 : 죽임당하다)	674	기절하다
617	굴리다	680	만지다
618	받아가지다, 받아들이다	681	켜다
621	핥다	684	멸망
622	멸(망)하다, 멸망시키다	†686	이미, 그래서, 그렇다면
626	설파하다	687	의문접두사(~느냐?)
629	구속	689	람
630	놓아보내다	692	무익한
631	털어버리다	694	은
633	씻다	696	은
635	끌어미혹하다	700	기쁘게하다
637	세척하다	701	기쁘게하는 (것)
638	질식시키다(수동 : 질식되다)	704	양
639	혼란케하다 (중간태:혼란스러워하다)	705	(숫자 등을)세다(수동 : 세어지다)
		706	수, 숫자
640	혼란	707	아리마대
645	빼다(칼을)	709	정찬하다
647	이혼	712	정찬
648	뜯어내다	713	충분하다, 족한
649	(사람)보내다 : 떠나보내는 것	714	족하다
650	속이다	720	부인하다
652	사도	721	어린양
653	꼬투리잡다	722	밭갈다

723	쟁기	783	평안인사
724	탐심	787	앗사리온
726	빼앗다	792	별
727	토색하는	796	번개
729	깁지않은	797	번쩍이다
†730	남성	798	뭇별
732	병든 (자)	801	못깨닫는
737	지금	803	확신
740	빵	805	확고하게하다
741	간맞추다	806	단단히
744	옛사람	811	방탕하게
745	아켈라오	815	자녀없는
746	처음, 처음실권자, 실권	816	주목하다
749	대제사장	817	없는중에
752	회당장	818	천대하다
754	세금징수장	820	존경없음
755	연회장	821	존경받지않다 (수동 : 존경주지않다)
756	시작하다	824	이상한
757	통치하다	832	피리불다
758	통치자	833	뜰
759	향품	834	피리부는자
760	아사	835	유하다
762	꺼지지않는	837	자라다, 커지다
766	호색	839	내일
768	아셀	840	엄한
769	연약함	844	저절로
770	병들다	845	목격자
772	연약한 (자)	846	그의(인칭대명사NP)
779	부대(통을 말함)	848	그분
782	평안인사하다		

851	없애다(수동 : 없어지다)	909	씻음
853	상하게하다	910	세례(요한)
855	안나타나는	911	(물을)찍다
856	뒤	912	바라바
859	사함	914	바라갸
863	허용하라, 버려두다, 사하다	916	피곤하다 (수동 : 피곤해지다)
868	떠나다	917	둔하게
870	두려움없이	918	바돌로매
873	갈라내다	920	바요나(요나의 아들)
875	거품흘리다	922	짐
876	거품	924	바디매오
877	지혜없음	925	무겁게하다
878	지혜없는 (자)	926	무거운 (것)
879	선잠자다, 선잠드시다(높임말)	927	귀한(최상급: 매우귀한)
881	아하스	928	괴롭히다(수동 : 괴로워하다)
884	은혜모르는 (자)	930	고문자
885	아킴	931	고통
886	손으로만들지않은	932	왕국
888	마땅치않은	933	왕궁
891	(에)까지	935	왕
892	쭉정이	936	왕되다
897	바벨론	937	왕족(AP)
899	깊이	938	여왕
900	깊게하다	941	짊어지다
901	깊은	942	가시덤불
902	실가지	943	22리터(22L)
905	지갑	945	헛된반복하다
906	던지다(수동 : 던져지다), 넣다	946	가증한것
907	세례주다(수동 : 세례받다)	950	확증하다
908	세례	953	범하다

954	바알세불
962	베다바라
963	베다니
964	베데스다
965	베들레헴
966	벳새다
967	벳바게
968	재판석
971	침략하다(수동 : 침략되다)
973	침략자
975	책
976	책
977	받아먹다
979	살림
982	생활의
984	상하게하다
985	싹나다
987	모독하다
988	모독
991	바라보다, 보다
992	붓는
993	보아너게
994	외치다
997	돕다
999	구덩이
1000	던짐
1003	보아스
1005	북방(복수), 북쪽(단수)
1006	먹다, 먹이다
1010	공회의원

1011	계획하다
1012	뜻(하심)
1014	뜻하다
1015	작은산
1016	소(동물)
1021	느린
1023	팔(신체)
1024	쪼금
1025	아기
1026	비내리다
1027	천둥
1028	비
1030	갊(이를, 이빨을)
1033	양식
1034	먹을것
1035	먹는것
1036	가라앉다(수동 : 가라앉혀지다)
1040	면화옷
1042	가바다
1043	가브리엘
1046	거라사인
1049	헌금함
1055	고요함
1056	갈릴리
1057	갈릴리인
1060	결혼하다
1061	결혼하다(여자측에서)
1062	결혼식
1063	왜냐하면, ~때문이다
1064	자궁

1065	허나	1107	알게하다
1067	지옥불	1108	지식
1068	겟세마네	1110	아는 (자)
1069	지인	1111	원망하다
1070	웃다	1115	골고다
1072	채우다(수동 : 채워지다)	1118	부모
1073	가득하다	1119	무릎
1074	세대	1120	무릎꿇다
1077	생일	1121	글자
1078	낳으심	1122	서기관
1079	출생	1124	성경
1080	낳다	1125	기록하다(수동 : 기록되다)
1081	낳은 것, 난 것	1127	깨어있다
†1081	난 것	1131	벗은(채), 벗은(몸)(자)(AP)
1082	게네사렛	1135	여자
1083	태어남, 태어나심	1137	모퉁이
1084	낳은자	1138	다윗
1085	종류(동물, 물건), 종족(귀신, 사람)	1139	귀신들리다
1088	늙음	1140	귀신
1089	맛보다	1142	귀신
1092	농부	1144	눈물
1093	땅	1145	눈물흘리다
1094	쇠함	1146	반지
1095	늙다	1147	손가락
1096	되다, 생기다, 일어나다, 이루다, 나다, (있게)되다	1148	달마누다
		1150	제어하다
1097	알다(동침하다는 뜻)	1155	빌리다, 빌려주다
1100	혀, 방언	1156	빚
1101	돈궤	1157	채권자
1102	빨래하는 자	1158	다니엘

1159	낭비하다	1204	오다
1160	비용	1205	오다
1161	그리고, 그러나, 그러자, 그래서	1207	첫번째 후 두번째
1162	간구	1208	둘째, 두번째
1163	~해야 한다	1209	영접하다
1166	보여주다	1210	묶다
1168	무서워하다	1211	이제
1169	무서워하는 (자)	1212	분명한
1170	아무	1220	데나리온
1171	몹시	1221	어떤~하더라도(하든지)
1172	잔치하다	1223	~를 통해, ~때문에, ~동안, ~로, 내내
1173	잔치		
1176	10, 열	1224	건너지나가다
1178	15, 십오	1225	일러바치다
1179	데가볼리	1227	밝히보다
1180	14, 열넷	1228	마귀
1182	(서수) 제 10, 열째	1229	일러주다
1184	받아들여지는	1230	지나다
1186	나무	1232	마음에간직하게하다
1188	오른쪽(단수), 오른편(복수), 오른쪽것(형대단수)	1234	심히원망하다
		1235	완전히깨다
1189	간청하다	1239	다주다
1193	가죽	1241	세게두르다
1194	때리다(수동 : 맞다)	1242	계약
1195	묶다	1244	분할하다
1196	동여매다(수동 : 동여매어지다)	1245	청소하다
1197	단	1247	섬기다
1198	죄수	1248	섬김
1199	결박	1249	섬기는자
1203	주권자	1250	200, 이백

1252	판가름하다	1294	거역하다
1254	말리다	1295	구해주다(수동 : 구함받다)
1255	이야기나누다	1298	심히요동하다
1256	논쟁하다	1299	지정하다
1257	그만두다	1301	철저히지키다
1259	화해하다	1302	무엇때문에
1260	의논하다	1303	맡겨두다
1261	의논	1304	거하다
1263	낱낱이증거하다	1308	귀하다, 꼭가져가다
1265	항상머물다	1310	소문내다(수동 : 소문나다)
1266	나누다	1311	썩게하다
1267	나눔	1314	굳게지키다
1269	몸짓하다	1316	단절하다
1270	의도	1318	가르치는
1271	뜻	1319	교훈
1272	밝히열다	1320	선생님
1273	밤새다	1321	가르치다(수동 : 가르침받다)
1275	늘	1322	가르침
1276	건너가(오)다	1323	두드라크마
1279	꼼꼼히지나가다	1324	디두모
1280	당황하다	1325	주다(수동 : 주어지다), 드리다(높임말)
1281	철저히장사하다		
1283	늑탈하다	1326	깨어나다, 깨우다
1284	찢다(수동 : 찢어지다)	1327	광장
1285	고하다	1329	통역해주다
1286	강포하다	1330	거쳐가다
1287	흩다(수동 : 흩어지다, 흩어버리다)	1332	두살
1288	끊다	1334	각인시키다
1290	흩어진자	1335	내력
1291	경계하다	1339	간격떨어지다

1340	힘주다
1342	의인, 의로운 것, 의로운
1343	의
1344	의롭게여기다
1346	의롭게
1348	재판장
1350	그물
1352	때문에
1353	철저히길따라가다
1358	구멍뚫다
1360	~한 것 때문에
1362	두배
1364	두번
1365	의심하다
1367	이천(2,000)
1368	걸러내다
1369	불화시키다
1371	두배때리다
1372	목마르다
1375	핍박
1377	핍박하다(수동 : 핍박받다)
1378	문서
1380	생각하다, 생각나다
1381	분변하다
1385	들보
1388	계략
1390	줄것
1391	영광
1392	영광돌리다(수동 : 영광받다), 영광스럽게하다

1398	섬기다
1399	여종
1401	종
1403	초청잔치
1407	낫
1410	~할 수 있다
1411	능력
1413	능력자
1415	능력있는 (자)
1416	지다(태양이)
1417	2, 둘
1419	지기어려운
1422	고민되는
1423	고민되게
1424	서방(복수), 서쪽(단수)
1427 (†1427)	12, 열둘
1430	지붕
1431	선물
1432	값없이
1433	내어주다
1435	예물
1436	으악!
1437	QV누구든지, 만약~다면, 비록~한다해도
1438	속, 자신, (예외:그것들), 스스로
1439	허락하다
1440	70, 칠십
1441	70번, 일흔번
1442	(서수) 제 7, 일곱째

1444	히브리
1447	히브리어
1448	가까오다 (완료 : 가까왔다)
1451	가까운, 가까이,
1453	일어나다. 일으키다
1454	일어남
1455	정탐하는 자
1456	수전절
1459	버리다
1470	넣다
1471	양수로배부른
1473	나, (복수)우리
1474	굳어버리게하다
1478	히스기야
1480	관례하다
1482	이방인
1484	이방, 이방인
1485	전례
1486 (†1486)	전례화하다
1487	만약(jh넣고, js뺌), ~하겠느냐, 만약 ~(할)까, ~(한)지, ~(다)면
1491	모습
1492 (†1492)	알다
1500	공연히
1501	20, 이십
†1501a	25, 이십오
1504	형상
1510	이다, 있다, 계시다(높임말), 속하다

1514	평안하다
1515	평안
1518	평안케하는 (자)
1519	~로, ~로서, ~하도록, 까지, ~에 대해, 겨냥하는, 위해, ~이르는
1520	일(1), 한명
1521	데리고들어가다(오다)
1522	듣다(수동 : 들리다)
1525	들어가다, 들어오다
1531	들어가다, 들어오다
1533	끌려들어가다, 끌고들어가다
1534	후에
1537	~에게서, ~에(서), ~(로)부터(의), 출신으로, ~중(에), 중 일부, 중 하나, ~으로
1538	각각(에게)
1540	100, 백
1542	백배(100배)
1543 (†1543)	백부장
1544	내보내다
1547	시집가다
1548	시집가다
1551	고대하다
1554	임대하다
1556	원한갚다
1557	원한갚음
1559	박해하다
1562	발가벗기다

1563	거기(에), 거기서, 거기로	1622	겉
1564	거기서, 거기	1623	(서수) 제 6, 여섯째
1565	그(곳), 그(녀), 그(자)	1627	가지고나오다
1567	치루다	1628	피하다
1568	순간놀라다(수동 : 순간놀라워하다)	1630	심히두려운
1573	절망하다	1631	내밀다
1574	찔러버리다	1632	쏟다(수동 : 쏟아지다)
1577	교회	1633	빠져나오다
1580	메고나오다(수동 : 메고나와지다)	1636	올리브
1581	찍어버리다(수동 : 찍혀버려지다)	1637	기름
1582	열심이다	1640	미달된
1584	빛나다	1642	미달하다
1586	택하다	1643	(수동 : 밀려가다)
1587	바닥나다	1645	가벼운
1588	선택한 (자)	1646	가장작은(비교급)
1590	(수동 : 낙심되다)	1648	엘르아살
1591	씻기다	1651	책망하다
1592	우습게여기다	1653	긍휼히여기다
1593	물러나다	1654	구제
1598	시험하다	1655	긍휼히여기는 (자)
1601	떨어져나가다	1656	긍휼
1605	놀라다(수동 : 놀라워하다)	1658	자유한 (자)
1606	영이나가다	1659	자유케하다
1607	나오다	1662	엘리아김
1610	뽑다	1664	엘리웃
1611	경이로움	1665	엘리사벳
1614	내밀다	1666	엘리야
1615	완성하다	1668	종기
1617	(더)적극적으로	1669	종기앓다
1621	떨어버리다	1670	끌어당기다

1671	헬라		1723	팔뚝에안다
1672	헬라인		1726	앞에서
1673	고대그리스		1727	대항하는
1674	헬라인(여자)		1733	11, 열한(기수)
1676	헬라어		1734	(서수) 제 11, 열한번째
1679	소망하다		1735	존재하다
1682	엘로이(아람어)		1737	옷입다
1682	저자신		1741	영광스러운
1683	나자신, 저자신		1742	옷
1684	(배로)오르다		1746	입다, 입히다
1685	던져넣다		1748	매복하다
1686	넣다		1750	둘러싸다
1689	쳐다보다		1751	율법안에있다
1690	엄히경계하다		1752	~하기에, 인하여
1694	임마누엘		1754	역사하다
1699	나의(것), 내것, 우리의(것)		1758	달라붙다
1702	희롱하다(수동 : 희롱당하다)		1759	여기서, 여기로
1705	만족하게하다(수동 : 만족되다)		1760	생각하다
1706	빠지다		1761	생각
1711	장사(매매를 말함)		1763	해, 한해
1712	거래		1765	힘있게하다
1713	상인		1766	(서수) 제 9, 아홉째
1714	불태우다		1767	9, 아홉
1715	앞에((서)의), 앞서		1768	99, 아흔아홉
1716	계속침뱉다 (수동 : 계속침뱉음당하다)		†1768	90, 아흔
			1770	머리신호하다
1718	나타나다, 나타내다		1773	한밤에
1719	두려움에빠진		1777	처벌된
1720	숨을내쉬다		1778	명(命)
1722	안에, ~에서, 입은, 중에(는), ~시		1779	장사지내다

1780	장사	1847	(수동 : 멸시당하다)
1781	명하다	1848	멸시하다
1782	이(저)곳에	1849	권세, (정관사3588+)권세자
1784	존귀한	1850	집권하다
1785	계명	1852	잠깨다
1787	안(에)	1854	밖에, 밖으로, 바깥에, 밖에서
1788	선대되다(수동 : 선대하다)	1855	겉, 겉으로는
1794	말다	1857	더바깥(비교급)
1799	앞, 앞에(서)	1859	명절
1803	6, 육	1860	약속하신 것
1806	데리고나가다	1861	약속하다
1807	빼다	1865	모여있다
1809	청구하다	1867	칭찬하다
1810	갑자기	1869	(눈을)들다, 높이다
1816	싹나다	1870	부끄러워하다
1817	일어서게하다	1871	구걸하다
1819	문득	1872	따라가다, 따라오다
1821	보내다	1875	~거든, ~하면(가정법x, 상황o)
1823	찬란하다	1877	(수동 : 이끌어내어지다)
1831	나오다, 나가다	1879	머물며쉬다, 머물며쉬게하다
1832	옳다	1880	올라와있다
1833	캐묻다	1881	대적하다
1834	표현하다	1883	위쪽에(서), ~이상에
1835	육십	1887	다음날
1836	그다음날	1888	현장에서
1839	놀라다, 놀라게하다	1893	다음, ~이었기에
1841	별세	1895	~차에
1843	공개발언하다	1896	돌보다
1844	맹세로말하게하다	1899	그런다음
1846	뚫다	1903	덧옷

1904	와서머물다		1956	풀어주다
1905	묻다(수동 : 물음당하다)		1959	책임지다
1907	머물러있다		1960	부지런히
1908	모욕하다		1961	계속머물다
1909	당시, ~에 대해, 맡아, 맡겨, 대고, 대(대응할때), 부분에서, ~위에 ~위로, 옆에		1964	거짓맹세하다
			1967	일용할
			1968	임하다
1910	타다		1975	도달하다
1911	붙이다, (손을)대다		1976	꿰매다
1913	태우다(짐승 위에)		1977	걸치다
1914	관심가지다		1978	유명한
1915	조각(천에 쓰였음)		1979	식사거리
1918	장가들다		1980	돌아보다
1919	땅의것		1982	덮다
1921	알다		1984	돌봄받는직분
1923	글		1987	잘알다
1924	새기다		1988	스승님
1925	보이다		1994	돌아오다, 돌아오게하다, 돌아가다 (수동 : 돌아와지셔서) 뒤돌다
1929	건네주다			
1934	간구하다			
1937	탐하다(탐함), 사모하다		1996	모으다
1939	사모함, 욕심		1998	함께달려모이다
1940	올라앉다		2001	강해지다
1941	일컫다		2004	분부하다
1944	저주아래		2005	완전히이루다
1945	앞에놓다		2007	얹다
1948	판결내리다		2008	꾸짖다
1949	붙들다		2010	허락하다
1950	잊어버리다		2012	청지기
1951	칭하다		2014	계속나타나다

2019	소리질러듣게하다	2078	마지막
2020	동트다	2079	마지막으로
2021	시도하다	2080	안에
2022	붓다	2081	안, 안으로는
2025	엎어바르다	2083	동료
2032	하늘위	2087	또다른 한명, 또다른 자
2033	7, 칠	2089	여전히, 동안, 이미, 까지, 더 (이상), 아직, ~중에
2034	일곱번	2090	준비하다
2036	간주하다	2092	준비하는
2038	일하다	2094	해, 년, 세(살)
2039	성과	2095	잘했다, 잘
2040	일꾼	2097	복음전하다
2041	행위	2098	복음
2044	내뱉다	2104	귀족적인
2045	상고하다	2105	좋은날씨
2046	권고하다	2106	기뻐하다
2047	빈들	2107	기쁘신뜻
2048	광야(명), 한적한(형), 황폐한(형)	2110	은인
2049	황폐하다(수동 : 황폐해지다)	2111	적합한
2050	황폐함	2112	곧바로
2051	다투다	2116	곧바르게하다
2056	염소	2117	곧바로(부사), 곧바르게(형용사), 곧바른 것(형대)
2059	통역하다	2119	기회있다
2064	가다, 오다	2120	기회
2065	요구하여묻다	2121	기회의, 기회있는
2066	의상	2122	기회적으로
2067	차림	2123	(더)쉬운
2068	식사하다	2126	경건한
2073	저녁		
2074	헤스론		

번호	단어	번호	단어
2127	축복하다(수동 : 축복받다)	2201	한쌍
2128	축복되다	2205	열정
2132	합의하다	2208	셀롯
2134	고자하다	2210	잃다
2135	고자	2212	찾다, ~하려고 하다
2147	발견하다(수동 : 발견되다)	2213	문제
2149	넓은	2214	변론
2158	존경받는	2215	가라지
2159	유력하게	2216	스룹바벨
2164	풍작이다	2218	멍에
2165	행복하다(수동 : 행복해하다)	2219	누룩
2168	감사하다	2220	부풀다
2176	왼쪽(단수), 왼편(복수), 왼쪽것(형대단수)	2221	사로잡다(수동 : 사로잡히다)
		2222	생명
2183	반열	2223	띠
2186	와서서다	2224	띠띠다
2187	에브라임	2225	살려계대시키다
2188	열다(에바다)	2227	살리다
2190	원수	2228	이나(or) 또는, 보다, 아니면, ~외에, 또한
2191	독사		
2192	갖고있다, 가지다, 입다, 해주다, 쓰다(머리 등에)	2230	총독이다
		2231	왕위
2193	~까지, 때까지, 결국	2232	총독
2194	스불론	2233	인정하다
2195	삭개오	2234	흡족하게
2196	세라	2235	이미
2197	사가랴	2237	향락
2198	살다 (분사 : 살아계신), 살아있다, 살아나다	2238	박하
		2240	오다
2199	세베대	2241	엘리(히브리어)

2243	엘리야	2300	눈여겨보다
2244	키(신체키)	2303	유황
2246	태양	2307	뜻
2247	못	2309	원하다
2250	(복수)기간, 낮, 일, 하루(단수), 날	2310	기초
		2311	기초하다
2253	반쯤죽음	2316	하나님
2255	절반	2318	하나님을존중하는
2260	~보다	2322	고침
2264	헤롯	2323	고치다(수동 : 고침받다)
2265	헤롯인	2325	추수하다
2266	헤로디아	2326	추수, 추수할것
2268	이사야	2327	추수꾼
2270	함구하다	2328	뜨겁게하다
2278	동일한소리나다	2329	뜨거움
2279	동일한소리	2330	여름
2280	다대오	2334	지켜보다
2281	바다	2335	구경
2283	다말	2336	칼집
2284	놀랍게하다(수동 : 놀랍게되다)	2337	젖먹이다
2285	놀라움	2338	여성
2286	독	2340	책잡다
2288	죽음	2342	짐승
2289	죽이다, 죽게하다	2343	쌓아두다
2290	장례하다	2344	보물
2292	담대하다	2346	(수동 : 환난받다)
2293	담대하라(명령형)	2347	환난
2296	기이히여기다	2348	죽다
2297	기이한일	2350	(수동 : 웅성거리다)
2298	기이한	2351	소동

2352	누르다(수동 : 눌리다)
2353	집짐승
2354	슬피울다
2355	슬픔
2359	(머리)털
2360	(수동 : 무서워지다)
2361	방울
2362	보좌
2364	딸
2365	어린딸
2368	분향
2370	분향하다
2372	분(감정을 말함)
2373	노하다
2374	문(문짝이 있는 문)
2377	문지기
2378	제물
2379	제단
2380	희생제사하다
2381	도마
2383	야이로
2384	야곱
2385	야고보
2390	낫다, 낫게하다(수동 : 나음받다)
2392	병고침
2395	의사
2396	오호!
2397	형상
2398	자기자신(의)
2400	(QS문장접두사)오!
2402	땀
2405	제사장직
2406	제사장때
2407	제사장직무하다
2408	예레미야
2409	제사장
2410	여리고
2411	성전
2414	예루살렘
2415	예루살렘인
2419	예루살렘
2421	이새
2423	여고냐
2424	예수(님)
2425	매우많은, 매우긴, 매우큰
2429	습기
2433	긍휼히받(아주)다
2436	긍휼이 임하시기를!
2438	끈
2439	겉옷입다
2440	겉옷
2441	겉속옷
2443	~위하여, (~하기) 위함이다, (~하는) 것이, ~(하)도록, 곧, ~것(을)
2444	어째서, 무엇때문에
2446	요단
2448	유다(지명)
2449	유대(지명)
2453	유대인

2455	유다(이름)	2508	청결케하다
2464	이삭	2511	깨끗하다, 깨끗하게하다
2465	천사와똑같은	2512	정결
2469	가룻	2513	청결한 (자)
2470	똑같은, 똑같게	2515	의자
2474	이스라엘	2516	앉다
2475	이스라엘인	2517	차례로
2476	서다(수동 : 서게되다), 세우다, 서있다	2518	자다, 주무시다(높임말)
2478	더강하시며(비교급), 강한(자)	2521	앉다
2479	기운	2523	앉다
2480	강하다	2524	달아내리다
2481	아마	2525	맡기다
2484	이두래	2528	무장하다
2485	생선	2530	(~어떠)하기에
2486	물고기	2531	(그)대로, 것처럼
2488	요담	2532	~과(와), ~도, 그래서, 그리고
2489	요안나	2533	가야바
2491	요한	2537	새(new), 새것
2495	요나	2540	때(카이로스), 한때(단수)
2496	요람	2541	가이사
2498	여호사밧	2542	가이사랴
2499	요세	2544	~하였으나
2500	요셉	2545	(불을) 켜다
2501	요셉	2546	거기,거기서
2502	요시야	2547	거기서도
2503	점	2548	그것들이(도), 그들에게도, 그도
2504	나도	2549	악
2505	그대로	2551	악담하다
2507	내려버리다	2554	악행하다

2555	악행하는 (자)	2611	싸매다
2556	나쁜 (것)	2613	정죄하다(수동 : 정죄되다)
2557	행악자	2614	뒤따르다
2560	나쁘게	2617	창피하다(수동 : 창피당하다)
2563	갈대	2618	태우다
2564	부르다(수동 : 불리다)	2621	기대어눕다
2570	좋은	2622	떼어내다
2572	덮다(수동 : 덮이다)	2623	감금하다
2573	좋게	2625	뉘어앉다
2574	낙타	2627	홍수
2575	용광로	2628	좇아오다
2576	(눈을)감다	2629	내려찍다
2579	~한다해도, ~이라도	2630	밀어떨어뜨리다
2580	가나(지명)	2632	정죄하다
2581	가나안인	2634	주장하다
2584	가벼나움	2638	잡아내다
2588	마음	2641	떠나다, 남기다
2590	열매	2642	돌로찍다
2591	지도자	2646	여관
2592	열매맺다	2647	무너뜨리다, 융합하다
2595	티	2648	생각해보다
2596	~으로, ~따라, ~대로, 거스르는, ~마다, ~따른, 씩	2649	심문하다
		2651	혼자
2597	내려오(가)다, (비)내리다	2653	심히저주하다
2600	내리막	2656	손짓하다
2601	내려가다(수동 : 내려가지다)	2657	생각하다
2602	창조	2661	합당하게여기다
2606	비웃다	2662	밟다(수동 : 밟히다)
2608	꺾다	2665	휘장
2609	대다	2666	삼키다

2668	도착하다		†2736	그아래로
2670	(수동 : 빠지다)		2739	태우다(수동 : 태워지다)
2672	저주하다		2742	뜨거움
2673	파기하다		2748	기드론
2675	온전케하다		2749	놓이다
2680	예비하다		2750	베
2681	깃들다		2751	깎다(금액을 낮추어서 줄이는 것)
2682	보금자리		2753	명하다
2690	둘러엎다		2756	거저
2694	이송하다		2760	백부장
2695	대적살해하다		2762	획
2698	안치하다		2763	토기장이
2705	입맞추다		2765	동이
2706	경히여기다		2766	기와
2708	바르다(기름같은 것을)		2768	뿔
2711	시원하게하다		2769	쥐엄열매
2713	반대편		2770	얻다
2715	권세부리다		2772	잔돈
2718	당도하다		2773	잔돈바꾸는자
2719	먹어버리다		2775	머리에상처내다
2720	평탄케하다		2776	머리
2722	차지하다		2778	머리세
2723	고소하다		2779	동산
2724	고소할증거		2780	동산지기
2725	고소자		2781	벌집
2727	교육하다(수동 : 교육받다)		2782	전파
2729	이기다		2784	전파하다(의미 : 복음을)
2730	살다		2785	큰물고기
2731	거처		2786	게바
2736	아래로		2787	방주

2793	위험하다(수동 : 위험해지다)	2837	잠자다
2795	움직이다	2838	자는 것
2796	움직임	2839	대중적인
2798	가지	2840	더럽히다
2799	울다	2844	참여함, 참여자
2800	떼심	2845	잠자리
2801	조각(음식에 쓰였음)	2847	붉은
2805	울음	2848	한 알
2806	떼다	2851	형벌
2807	열쇠	2852	매로때리다
2808	닫다(수동 : 닫히다)	2853	묻다(먼지 등이)
2810	글로바	2855	돈바꾸는자
2812	도둑	2856	감하다(수동 : 감해지다)
2813	도둑질하다	2859	품
2814	접붙인가지	2861	연못
2816	상속하다, 상속받다	2865	받아내다
2817	상속	2866	더개선됨
2818	상속자	2867	회칠하다(수동 : 회칠되다)
2819	제비돌	2868	먼지
2822	초청한자	2869	멎다
2823	아궁이	2872	수고하다
2825	침대	2873	괴로움
2826	침상	2874	거름
2827	눕다	2875	가슴치다, (나무)내려치다
2828	떼	2876	까마귀
2829	도둑질	2877	소녀
2830	밀려옴	2878	예물
2832	글로바	2884	220리터(220L)
2835	고드란트	2885	꾸미다(수동 : 꾸며지다)
2836	태, 배 : 몸의일부분	2889	세상

2892	경계병	2939	창조자
2894	바구니	2944	둘러에워싸다
2895	요(이브자리를 말함)	2945 (†2945)	주위(에), 두루
2896	소리지르다	2947	뒹굴다
2897	방탕	2948	불구된 (자)
2898	해골	2949	물결
2899	자락	2951	근채
2901	강하다(수동 : 강해지다)	2952	개
2902	붙잡다	2955	굽히다
2903	최고권자(호격최상급)	2956	구레네(인)
2904	힘	2961	주관하다
2905	소리치다	2962	주인, 주님, 주
2906	소리	2965	개
2910	달다(수동 : 달려있다, 달리다)	2967	금하다
2911	비탈	2968	마을
2916	보리(의)	2969	성과 마을
2917	판결	2971	하루살이
2918	백합화	2974	귀먹은 (자)
2919	심판하다(수동 : 심판받다)	2975	제비뽑히다, 제비뽑다
2920	심판	2976	나사로
2923	재판관	2977	가만히
2925	두드리다	2978	폭풍
2927	은밀한, 은밀한 것, 은밀한 곳	2980	얘기하다, 얘기하게하다
2928	감추다	2981	얘기
2932	가지다	2982	라마(아람어)
2933	재물	2983	받다
2934	가축	2985	등불
2936	창조하다	2986	환하다
2937	피조물	2988	호화롭게
2938	창조물		

2989	비추다		3035	돌로된
2990	모르게하다		3036	돌로치다
2991	바위에판		3037	돌
2992	백성		3038	돌포장
2998	파다		3039	깨뜨리다
2999	충성		3041	호수
3000	충성하다		3042	흉년
3001	채소		3043	심지
3002	렙바이오스		3046	327그램(g)
3003	군대		3049	여기다
3004	~라 하는, ~말로, 말(씀)하다		3056	말, 말씀
†3004	말(씀)하다, (말씀)하다		3057	창
3006	순탄한		3058	욕설퍼붓다
3007	모자라다		3061	전염병
3008	봉사하다		3062 (†3062)	남은 (자)(것), 나머지
3009	봉사		3063	이후로는
3012	흰수건		3068	목욕하다
3014	문둥병		3074	늑대
3015	문둥병자		3076	근심하다(수동 : 근심되다)
3016	렙톤		3077	근심
3018	레위		3078	루사니아
3019	레위인		3081	해결되다
3021	희게하다		3083	대속물
3022	흰, 희게, 하얀		3084	대속하다
3025	포도주틀		3085	대속
3026	우화		3087	등잔대
3027	강도		3088	등잔
3029	심히		3089	풀다(수동 : 풀리다)
3030	유향		3091	롯
3034	돌던지다			

3093	막달라	3149	가슴
3094	막달라	3155	헛되이
3097	박사	3156	마태
3100	제자되다	3157	맛단
3101	제자	3162	칼
3105	미치다 (정신이상으로 인한 것을 의미)	3164	싸우다
		3167	큰일
3106	복있다하다	3168	위엄
3107	복있다	3170	크게하다
3112	멀리(서)	3173	(더)큰
3113	멀리서	3175	관료
3114	참다	3177	번역하다(수동 : 번역되다)
3117	길게, 먼	3178	취함
3119	약한것	3179	옮기다
3120	부드러운	3181	지경
3123	더욱	3182	만취하다
3124	말고(사람이름)	3183	아기
3126	돈	3184	취하다(술취하는 것을 말함)
3128	므낫세	3185	더욱
3129	배우다	3187	더큰 (자)
3131	만나	3189	검게, 검은
3135	진주	3191	전심전력하다
3136	마르다(사람이름)	3192	꿀
3137	마리아	3193	꿀의
3140	증거하다	3195	다가오다, ~할(하려는) 것이다, ~될 것이다
3141	증거		
3142	증거	3196	신체
3144	증인	3199 (†3199)	고려하다
3146	채찍질하다		
3148	채찍통증	3201	흠잡다

3303	정말로		3358	분량
3304	오히려		3360	까지
3305	하지만		3361	AD아니하여, QT않았다(부가의문문), 말다(명령문), 못하다
3306	머물다			
3307	나누다			
3308	염려		3366	~도 말(아)라
3309	염려하다		3367	아무에게도 ~않다, 아무(것)도 ~말(아)라, 어떤 것도 ~말(아)라
3310	영역			
3312	나누는자			
3313	참여함, 지방, 부분		3371	더이상 ~않다(없다, 말다, 못하다)
3317	밤중		3373	길어지다
3319	한가운데		3376	달, 개월
3322	중간이되다		3377	알리다
3323	메시야		3379	않도록, 않기 위함이다, ~한 것이 아닌가
3324	가득한			
3326	후, 함께, ~으로, ~가지고, 함께있는, ~되도록, 째		3383	말아라!(명령), 아니하고 (3383a3383b:a도 않고 b도 않고), ~할 조차
3327	옮겨가다			
3330	나눠주다		3384	어머니
3332	이동하다		3385	아니지 않느냐
3338	뉘우치다		3388	모태
3339	변형하다(수동 : 변형되다)		3391	하나, 1
3340	회개하다		3392	부정하게하다
3341	회개		3395	섞은것
3342	사이(에(서))		3396	섞다
3349	되새기다		3397	조금
3350	이주		3398	작은 (자), 잠시
3353	동업자		3400	천걸음(1,000걸음)
3354	측정하다		3404	미워하다(수동 : 미움받다)
3355	통		3407	품꾼

3408	보상	3463	일만(10,000)
3409	고용하다	3464	향유
3411	고용한 (자)	3466	비밀
3414	므나	3471	맛잃다
3415	기억나다	3474	미련한 (놈,자)
3418	굴무덤	3475 (†3475a)	모세
3419	무덤		
3421	기억하다	3476	나손
3422	기억	3478	나사렛
3423	약혼하다(수동 : 약혼되다)	3479	나사렛의
3424	간신히말하는 (자)	3480	나사렛인
3425	겨우	3482	나다나엘
3426	항아리	3483	그렇다
3428	간음하는	3484	나인
3429	간음하다	3485	성전
3430	간음	3487	나드
3431	간음하다	3495	청년
3432	간음하는 자	3497	나아만
3438	거할 곳	3498	죽은 (자)
3439	독생한	3501	새로운
3440	오직, ~(뿐)만	†3501	(더)젊은 (자)
3441	오직, (나)만	3502	젊음
3442	외눈의	3503	소년기
3444	형체	3506	머리짓하다
3448	송아지	3507	구름
3457	맷돌의	3508	납달리
3458	맷돌	3514	실짜다
3459	맷돌	3516	어린아이
3461	수만(명)	3521	금식
3462	향유붓다	3522	금식하다

3523	굵겨, 굵은	3581	나그네(AP)
3528	이기다	3582	물주전자
3530	니고데모	3583	마르게하다 (수동 : (손 등이)마르다)
3534	승리		
3535	니느웨	3584	(손 등이)마른 (것), 마른 자
3536	니느웨인	3586	통나무
3537	대야	3588	관사(D), 여자, 아들, 일부, 있는, 곧
3538	씻다		
3539	통찰하다	3589	80, 팔십
3542	꼴	†3589	84, 팔십사
3543	생각하다	3592	그녀에게
3544	율법사	3593	여행하다
3546	동전	3594	인도하다
3547	율법사	3595	인도자
3551	율법	3597	여정
3553	질병(하나님의 자녀에게 오는)	3598	길
3554	질병	3599	이(이빨)
3555	새끼	3600	극히고통하다
3556	새끼	3601	극한고통
3558	(단수)남쪽, (복수)남방	3602	통곡
3562	지각있게	3604	웃시야
3563	지각	3605	냄새나다
3565	신부	3606	곳에서
3566	신랑	3608	이불보자기
3567	신랑집	3610	집하인
3568	지금(은)	3614	집
3571	밤	3615	식구
3572	찌르다	3617	집주인
3573	졸다	3618	짓다
3575	노아	3619	건물

3621	말씀보유하다		3679	욕하다
3622	말씀보유직		3681	부끄러움
3623	말씀보유자		3684	나귀의
3624	집		3686	이름
3625	천하		3687	이름하다
3629	자비로운		3688	나귀
3630	애주		3689	진짜
3631	포도주		3690	신포도주
3633	인식하다		3693	뒤에(서), 뒤로
3634	것으로써		3694	뒤(에)(서), 뒤로, 뒤쫓아
3636	지체하는		3696	무기
3638	8, 팔		3698	~할 적에
3640	믿음적은 (자)		3699	그곳(에서), 어디로, 곳(에)(으로)
3641	적은 (자), 조금(만)		3701	이상
3646	번제물		3702	구운
3650	온, 전부, 온전히, 전체의		3704	~하도록, ~려고, 그러므로, 그럼으로써
3654	전혀			
3655	소나기		3705	환상
3656	이야기주고받다		3708	살펴보다, 보다
3660	맹세하다		†3708	보다
3662	비슷하다		3709	진노
3664	비슷한		3710	화내다
3666	비슷하게여기다 (수동 : 비슷하게여겨지다)		3714	산골
			3719	새벽에모이다
3668	비슷하게		3721	새벽일찍
3670	공언하다		3722	새벽
3674	같이		3723	옳게
3676	그럼에도		3724	정하다
3677	꿈		3725	지역
3678	어린나귀		3726	맹세로말하다

3727	맹세	3764	(~한) 적이 없는
3729	달려들다	3765	더이상~않다
3733	암탉	3766	그러면
3735	산	3767	그런즉
3736	파다	3768	아직~아니다, 아직 ~ 못하다.
3737	고아(의)	3770	하늘의 (형)
3738	춤추다	3772	하늘
3739	일부, 한명, ~한 자, ~인, 그분	3774	우리야
3742	성결	3775	귀
3744	냄새	3776	재산
3745	일들, 것들, 만큼, 자마다	3777	이나(nor)
3747	뼈	3778	이, 이것은, 이일, 이자는, 이말(씀), 이런(일), 이러한
3748	누구든지, (관대), 곧, 자들(도)	3779	이같이
3751	허리(둘레)	3780	아닌
3752	~때에는, (~할)때	3781	빚진자
3753	~때	3782	빚
3754	~다고, (곧) ~한 것(을), ~기에, ~라고, ~라니, ~한 것이다	3783	빛
3756	아니다, 아닌, ~말(아)라, 없다, ~못하다	3784	빛지다
		3788	눈
3757	곳	3789	뱀
3758	아하!	3790	낭떠러지
3759	화있다	3791	괴롭히다(수동 : 괴롭힘당하다)
3760	아닌, 아니다	3793	군중
3761	아니하다, 않다, ~도	3795	먹을생선
3762	아무데도~않다(없다), 하나도 아닌, 아무(것)도(어떤것(자)도) ~없다(않다) (못하다)	3796	저물게
		3798	저문
		3799	외모
		3800	봉급
3763	전혀~아니다, ~적이 없다	3802	올무씌우다

3803	올무		3853	명령하다
3808	어린이		3854	오다
3811	징계하다		3855	지나가다
3812	아이적		3856	들추어내다
3813	아이		3857	낙원
3814	어린여종		3858	확실히영접하다
3816	아이, 하인		3860	넘겨주다(수동 : 넘겨지다)
3817	갈겨치다		3861	영광스러운 일
3819	벌써		3862	전통
3820	낡은(것), 옛것		3864	해변
3822	낡다(수동 : 낡아지다)		3868	사양하다
3824	재창조		3869	가까이앉다
3825	다시, 또한		3870	권면하다
3826	일제히		3871	은폐하다
3827	많고많은		3874	권면
3829	숙박업소		3875	보혜사
3830	숙박업소주인		3877	가까이따르다
3833	전신갑주		3878	흘려듣다
3834	간계		3879	구부리다
3836	사방에서		3880	데리고(데려오다), 데려가다
3837	곳곳에서		3882	해안
3838	조금도		3885	중풍병자
3840	사면으로		3886	중풍병들다
3842	항상		3888	위로하다
3843	분명히		3899	지나가다
3844	널리, ~에게, ~에게서, ~보다, 곁에, ~에게는		3900	과실
			3904	예비일
3846	비교하다		3906	살펴지키다
3849	요청하다		3907	관찰
3850	비유		3908	내주다

3911	가져가옮기다
3916	즉시
3918	있다
3924	~없이
3928	지나가다
3930	하다, 가하다
3932	출가
3933	처녀
3936	곁에서다, 곁에서게하다
3939	우거하다
3942	은유
3945	유사하다
3946	유사한
3952	와서함께하심
3953	사발
3954	밝히드러냄
3955	밝히드러내다
3956	모든 (자), 모두, 전부
3957	유월절
3958	고난받다
3960	치다
3961	짓밟다
3962	아버지
3965	족속
3968	고향
3973	그치다
3975	완악하다
3976	쇠고랑
3977	평평한
3979	도보로

3982	확신시키다, 확신하다
3983	배고프다
3985	시험하다(수동 : 시험받다)
3986	시험
3989	깊음
3992	(사람)보내다 : 데리러
3994	장모, 시어머니
3995	장인
3996	애통하다
3998	극빈한
4000	(5,000)오천 (명)
4001	500, 오백
4002	5, 다섯
4003	(서수) 제 15, 열다섯번째
4004	50, 오십
†4004	53, 오십삼
4008	건너(로)
4009	끝
4012	~에 대하여, ~에, 주변에(을), 즈음에
4013	두루다니다
4016	입다, 입히다
4017	둘러보다
4019	싸다
4023	지배하다
4024	띠두르다(수동 : 띠둘려지다)
4026	둘러서다
4028	가리다(신체를)
4029	매달다
4032	감추고있다

4033	에워싸다		4084	잡아들이다
4036	심히근심하다		4085	누르다(수동 : 눌리다)
4039	근처에사는		4090	심히
4040	이웃		4091	빌라도
4043	걷다, 걸어다니다		4093	서판
4045	굴복하다		4094	쟁반
4049	산만하다		4095	마시다
4051	가득한것		4097	팔다
4052	남다		4098	엎드리다, 무너지다, 떨어지다
4053	더많이		4100	믿다
4054	(더)넘치게		4101	순수한
4055	(더)나은 자		4102	믿음
4056	더욱더		4103	믿음있는
4057	엄청나게		4105	미혹하다(수동 : 미혹되다)
4058	비둘기		4106	미혹
4059	할례하다		4107	미혹하는
4060	두르다		4108	미혹하는 자(형대)
4061	할례		4113	큰거리
4063	돌아다니다		4115	넓게하다
4064	메고오다		4116	큰
4066	주변지방		4118	가장많은
4071	새		4119	더많은, 더많이, (더)중한
4073	바위		4120	엮다
4074	베드로		4124	탐욕
4075	돌밭		4125	옆구리
4076	운향		4126	행선하다
4077	샘		4127	매
4081	진흙		4128	무리
4082	가방		4129	(수동 : 많아지다)
4083	규빗(자), 45cm			

4130	가득차다(수동 : 가득채워지다)
4132	가득참
4133	그렇지만, 그러나, ~밖에, ~만
4134	가득찬
4135	확실히이루다
4137	성취하다
4138	기운것, 성취한것, 성취
4139	이웃, 이웃하는
4142	작은배
4143	배
4145	부유한 (자)
4147	부유하다
4149	부유함
4151	영
4154	불다
4155	목잡다
4159	어떻게, 어디서났느냐, 어디에(서)
4160	행하다, 만들다, (열매 등을)맺다, (결혼식 등을)베풀다, 하다, 피우다
4164	여러가지
4165	목양하다
4166	목자
4167	양떼
4168	양무리(영적인 양)
4169	무슨, 무엇, 몇, 어느
4171	전쟁
4172	성
4177	시민
4178	자주
4179	여러 배
4180	많은말
4183	많은 (자)들, 많은 것들, 많이
4185	매우비싼
4186	값비싼
4189	악함
4190	악한, 악한 자
4194	본디오
4197	여행
4198	가다, 진행하다
4202	음행
4204	창녀
4206	멀리
4207	멀리서
4208	더멀리
4209	자주색옷
4210	자주색
4212	몇번
4213	음료
4214	얼마나, 얼마나 크겠느냐, 몇 (개)
4215	홍수(복수), 강들(복수) 강(단수)
4217	(의문대)어떠한자, 어떠한지
4218	언제(라도)
4219	언제
4220	~인지
4221	잔
4222	마시게하다

4226	어디, 어디서, 어디~곳		4301	미리준비하다
4228	발, 양발		4304	미리연구하다
4229	사항		4305	미리염려하다
4231	장사하다(상업적)		4308	미리말하다
4232	관정		4313	앞서가다
4233	담당자		4314	에게, ~도록 ~에, ~으로, ~하려고, ~에 대해, 향하여, 앞에, ~와
4234	행위			
4235	온유한			
4237	그룹		4315	안식일전날
4238	하다		4317	인도하여오다, 인도하여가다
4239	온유한 (자)		4319	구제구하다
4241	합당하다		4320	올라가있다
4242	사신		4321	허비하다
4244	장로		4325	비용들다
4245	장로, (더)어른된		4327	기다리다
4246	노인		4328	기대하다
4250	전에		4329	기대
4253	전에		4331	곁에가까오다
4254	앞서가다		4333	일하여만들다
4259	앞뜰		4334	나아오다
4260	더가다		4335	기도
4261	싹트다		4336	기도하다
4262	양문		4337	조심하다
4263	양		4339	개종자
4264	사주받다		4340	잠깐만
4273	배반자		4341	부르다
4281	먼저가(오)다		4342	대기하다
4286	하나님앞(의)		4344	베개
4289	소원하는		4347	합하다
4298	깊게나아가다		4350	부딪치다(수동 : 부딪히다)

4351	굴리다	4410	높은자리
4352	예배하다	4411	상석
4353	예배자	4412	첫번째로
4355	다가가다	4413	첫번째(로), 첫째 날, 첫째, 먼저
4357	앞에머무르다	4416	첫번째자녀인, 첫번째아들이신(예수님)
4358	진입하다		
4363	앞에엎드리다	4418	발꿈치
4364	앞장서다	4419	꼭대기
4365	앞에오다	4420	날개
†4366	맞닥뜨리다	4422	깜짝놀라다
4367	명하다	4425	키
4369	더하다(수동 : 더하여지다)	4427	침
4370	달려오다	4428	두루말아덮다
4371	고기	4429	침뱉다(수동 : 침뱉음당하다)
4374	바치다(헌금, 사람)	4430	시체
4377	부르다	4431	무너짐
4379	건들다	4434	가난한 (자)
4383	얼굴, 앞, 표면	4435	매번
4386	이전에	4437	수시로
4390	향해달려가다	4439	출입문(문짝이 없는 열린문)
4391	전에있다	4440	대문
4392	외식	4441	질문하다
4393	가져다놓다	4442	불
4395	예언하다	4444	망대
4396	선지자	4445	열병앓다
4398	여선지자	4446	열병
4399	앞지르다	4449	불타오르다
4403	선미갑판	4453	팔다
4404	새벽에	4454	(나귀)새끼
4405	새벽	4455	언제고

4456	완악하다(수동 : 완악해지다), 완악하게하다		4514	로마인
4457	완악함		4515	로마어
4459	어떻게, 얼마나		4518	사박다니(아람어)
4461	랍비		4521	(복수)안식의 날, (단수)안식일
4462	대랍비		4523	사두개인
4464	지팡이		4524	사독
4469	라가		4526	베옷
4470	천(옷만드는 재료를 말함)		4528	스알디엘
4471	라마		4530	살렘
4474	손으로치다		4531	흔들다(수동 : 흔들리다)
4475	손으로침		4533	살몬
4476	바늘		4535	파도
4477	라합		4536	나팔
4478	라헬		4537	나팔불다
4482	흘러내다		4539	살로메
4483	선포하다		4540	사마리아
4485	파괴		4541	사마리아인(남자)
4486	터뜨리다		4542	사마리아인(여자)
4487	선포된말(씀), 증언(의역)		4547	샌들
4491	뿌리		4550	못된
4496	던져놓다		4558	사렙다
4497	르호보암		4561	육체
4501	말씀칼(영의 칼을 의미)		4563	소제하다(수동 : 소제되다)
4503	룻		4567	사탄
4504	루포		4568	스아
4505	거리		4570	끄다(수동 : 꺼지다)
4506	건지다(수동 : 건져지다)		4572	(재귀대명사)너자신, 그자신
4511	유출		4576	존중하다
4513	로마		4578	지진
			4579	진동하다

4582	달	4637	장막쳐거하다
4583	간질하다	4639	그늘
4591	표적화시키다	4640	뛰놀다
4592	표적	4641	꺾이지않는 마음
4594	오늘	4642	꺾이지않는
4597	좀(곤충)	4646	굽은 것(형대)
4600	뺨	4648	성찰하다
4601	조용하다	4650	흩어버리다
4605	시돈	4651	전갈
4608	독주	4652	어두운
4611	실로암	4653	어둠
4613	시몬	4654	어둡게하다(수동 : 어두워지다)
4615	겨자	4655	어두움
4616	세마포	4659	어두운안색의
4617	까부르다	4660	고생시키다(수동 : 고생되다)
4618	살진	4661	고생
4619	살진 것	4663	구더기
4620	한끼분량	4666	몰약
4621	밀	4669	몰약섞다
4622	시온	4670	소돔
4623	잠잠하다(수동 : 잠잠해지다)	4672	솔로몬
4624	실족게하다, 실족하다 (수동 : 실족되다)	4673	관
		4674	당신의(것), 너의(것), 너희(것)
4625	실족	4676	수건
4626	파내다	4677	수산나
4628	다리(신체 일부)	4678	지혜
4632	그릇	4680	지혜로운 (자)
4633	성막	4682	경련일으키다
4634	성막절	4683	강보로싸다
4636	장막	4685	빼내다

4686	중대(군대관련)	4743	순식간
4687	씨뿌리다	4744	광채나다
4688	경호원	4745	행각
4690	씨, 자손	4746	잔가지
4692	애쓰다	4749	깨끗한옷
4693	굴	4750	입
4697	불쌍히여기다	4753	군사
4698	심정	4754	군생활하다
4699	해면스펀지	4755	상관
4700	재	4756	군단
4702	밀밭	4757	군인
4703	파종씨	4760	군병
4709	간절히	4762	돌아서다(수동 : 돌아서지다)
4710	부지런함	4765	참새
4711	광주리	4766	펼치다
4712	스타디온(184m)	4768	흐리다
4714	민란	4771	너, (복수)너희, 여러분
4715	한세겔	4772	친척(가족외)
4716	십자가	4773	친족(가족포함)
4717	십자가에못박다	4775	함께앉다
4718	포도	4776	함께앉다
4719	이삭	4779	불러모으다
4721	지붕	4780	위장하다
4723	불임인	4784	같이하다
4727	탄식하다	4788	포획하다
4728	좁은	4794	꼬부라지다
4735	왕관	4795	우연
4738	가슴	4796	함께기뻐하다
4739	굳게서다	4798	상종하다
4741	굳게하다(수동 : 굳어지다)	4801	짝지어주다

4802	문의하다	4867	참석하다
4807	뽕나무	4868	결산하다
4808	무화과나무	4870	함께따르다
4809	돌무화과나무	4872	함께올라오다
4810	무화과	4873	함께앉다
4811	가로채다	4876	만나다
4814	대화하다	4877	만남
4815	수태하다, 잡다	4878	협력해돕다
4816	골라내다	4880	함께죽다
4817	동의하다	4884	포로삼다
4818	함께근심하다	4885	함께자라다
4819	발생하다	4889	동료종
4820	한데모으다	4892	공회
4823	결의하다	4893	양심
4824	결의	4895	함께있다
4827	동료제자	4896	모여들다
4836	함께오다	4897	함께들어가다
4844	함께마시다	4903	함께역사하다
4845	함께당면하다 (수동 : 함께당면되다)	4905	함께하다
		4906	함께식사하다
4846	막다	4907	현명함
4848	동행하다	4908	현명한(자)
4849	모임	4909	옳게여기다
4851	유익하다	4912	사로잡다(수동 : 사로잡히다)
4855	함께자라다	4914	관습
4856	합심하다	4917	깨다(수동 : 깨지다)
4858	풍류	4918	함께환난주다
4862	(~와) 함께	4920	깨닫다
4863	모으다(수동과거 : 모였다)	4921	함께서다
4864	회당	4923	동행

4928	곤고
4929	명하다
4930	종말
4931	다끝마치다
4933	보존하다(수동 : 보존되다)
4934	공모하다
4936	함께달려가다
4937	상하게하다, 부러뜨리다 (수동 : 부러지다) 부수다(수동 : 부서지다)
4940	함께누리다
4947	수리아
4948	수리아인
4949	수로보니게
4951	당기다
4952	전신경련일으키다
4953	신호
4955	폭동
4957	함께십자가에못박히다
4965	수가(지역이름)
4970	매우
4972	인치다
4977	갈라지게하다(수동 : 갈라지다)
4978	갈라짐
4979	노끈
4980	틈있다
4982	구원하다
4983	몸
4984	육체적인
4990	구원자

4991	구원
4992	구원하심(형대)
4993	정신차리다
5007	달란트
5009	골방
5010	직무
5011	겸손한 (자)
5013	낮추다(수동 : 낮아지다)
5014	낮음
5015	요동하다(수동 : 요동되다)
5016	요동
5021	정해주다(수동 : 정해지다)
5022	황소
5027	묘지
5028	묘
5030	빨리
5032	(더)급한
5034	신속
5035	속히
5036	속히
5037	그런데, 곧
5040	상속자녀
5043	자녀
5045	목수
5046	온전한
5048	온전케하다
5050	온전한이룸
5052	끝까지열매맺다
5053	사망하다(수동 : 사망하게되다)
5054	사망

번호	뜻		번호	뜻
5055	끝마치다, 세금내다		5106	자! 이제
5056	끝, 세금		5108	이런(자)(일), 그만한, 이만큼
5057	세금징수원		5110	이자
5058	세관		5111	담대하다
5059	이적		5117	장소
5062	40, 사십		5118	이만한, 이정도
5064	4, 사		5119	그때
5066	4일째		5120	이것
5067	(서수) 제 4, 넷째, 네번째, 사분의일		5122	이름이 ~인자
5070	사천(명)		5132	상(밥상을 말함), 은행
5072	4개월		5133	은행업자
5073	4배		5134	상처
5075	4분봉왕이다		5135	상처나게하다
5076	4분봉왕		5137	목
5081	선명하게		5138	험난한 것
5083	지키다		5139	드라고닛
5085	디베랴		5140	3, 삼
5086	디베료		5141	떨다
5087	두다, 대다		5142	기르다
5088	출산하다		5143	달려가다, 달려오다, 달리다
5089	자르다		5144	30, 삼십
5090	디매오		†5144	38, 삼십팔
5091	공경하다		5145	300, 삼백
5092	값, 존경		5146	엉겅퀴
5100	무엇, 어떤, 어떤자, ~(할)것, 일부, ~자, 씩		5147	험한길
5101	누가, 누구, 무슨, 누구의것, 무엇, 어떻게, 얼마나, 왜		5149	악물다(이를 꽉 물때)
			5151	세번
			5154	(서수) 삼(3), 제 3, 셋째, 세번째
			5156	떨림
5102	패		5158	모양

5160	음식	5224	소유하다	
5165	그릇	5225	보유하다	
5166	따다	5228	위하여, 위에, ~보다	
5167	산비둘기	5240	넘치다(수동 : 넘쳐지다)	
5168	틈새	5243	교만	
5169	틈새	5244	교만한 자	
5172	사치스러움	5249	너무나	
5176	먹어연합하다	5257	사역자	
5177	당하다	5258	잠	
5179	자국	5259	~에게서, 아래(에)(서)	
5180	치다	5262	본(本)	
5182	심란하다(수동 : 심란해지다)	5263	가르치다	
5184	두로	5264	모셔영접하다	
5185	눈먼 (자)	5265	(수동 : 신겨지다)	
5186	멀게하다	5266	신발	
5188	(수동 : 꺼져가다)	5268	안장지운 짐승	
5195	능욕하다(수동 : 능욕받다)	5270	아래(쪽에)	
5198	건강하다	5271	판정하다	
5199	온전한	5272	위선	
5200	파릇파릇한	5273	위선자	
5201	물항아리	5274	받아들이다	
5203	수종있는	5276	포도즙틀자리	
5204	물	5278	견디다	
5207	아들	5279	위로부터생각나게하다 (수동 : 위로부터생각들다)	
5212	너희의	5281	인내	
5214	찬송하다	5286	발판	
5217	가다	5290	돌아가다, 돌아오다	
5219	순종하다	5291	아래펼치다	
5221	만나다	5293	복종적이다	
5222	맞이함			

5295	이후에	5342	가져오(가)다, (누구를)데려오다, 가지고
5298	체류하다	5343	도망하다
5299	휘어잡다	5345	소문
5301	우슬초	5346	들려주다
5302	부족하다	5348	임하다
5303	부족함	5355	시기(감정)
5304	극빈함	5366	돈좋아하는(돈좋아함)
5305	그후에	5368	좋아하다
5307	짠 (것) : 실로 천 따위를 만드는 것	5370	입맞춤
5308	높은	5376	빌립
5310	가장높은 (곳) (분)	5379	다툼
5311	높음, 높은데	5384	친구
5312	높이다(수동 : 높아지다)	5392	잠잠케하다(수동 : 잠잠케되다)
5314	탐식	5395	불꽃
5315	먹다, 잡수시다(높임말)	5399	두렵다, 두렵게하다 (수동 : 두려워하다)
†5315a	먹어버리다	5400	두려운 일
5316	나타나다, 나타내다	5401	두려움
5318	공개적인, 공개한 (것)	5404	종려나무
5319	공개하다(수동 : 공개되다)	5406	살인자
5320	공개적으로	5407	살인하다
5322	횃불	5408	살인
5323	바누엘	5409	입다, 쓰다
5326	유령	5411	식민세
5327	골짜기	5412	짐지다
5329	베레스	5413	짐
5330	바리새인	5416	채찍
5336	축사(가축을 기르는 건물)	5417	채찍질하다
5337	악한 (것)	5418	산울타리
5338	비침		

5419	설명하다	5479	기쁨
5421	우물	5482	토성
5426	생각하다	5483	용서하다
5427	생각	5484	~하므로
5428	총명	5485	은혜
5429	총명한	5487	은혜주다(수동 : 은혜받다)
5430	총명하게	5490	협곡
5432	가져오다	5491	입술
5437	도망	5493	시내(구역을 의미)
5438	감옥, 경(시간개념)	5494	겨울
5440	말씀실천띠	5495	손, (복수)양손
5442	지켜내다	5499	손으로만든
5443	지파	5501	더심하게
5444	잎사귀	5503	과부, 과부된
5451	심음	5504	어제
5452	심다	5505	천(1,000)
5453	나다(심은 것이)	5506	천부장
5454	굴	5509	속옷
5455	소리내어부르다	5510	눈(snow)
5456	소리, 음성(사람, 귀신)	5511	통옷
5457	빛	5515	푸른(색깔)
5460	밝은	5519	돼지
5461	밝게하다	5520	노여워하다
5463	기뻐하다	5521	쓸개
5465	잡아내리다	5522	흙
5467	사나운	5523	고라신
5473	동그릇	5525	춤
5475	동	5526	배부르다(수동 : 배불리다)
5476	땅가까이	5528	풀
5478	가나안(형)	5529	구사

5531	필요공급하다	5592	차가움
5532	필요	5593	차가운 (것)
5533	채무자	5594	차가워지다
5535	필요하다	5596	작은조각
5536	금전	5597	비비다
5537	지시하다(수동 : 지시받다)	5599	오오!
5543	인자한	5601	오벳
5547	그리스도	5602	여기
5548	기름붓다	5604	산통
5549	지체하다	5606	어깨
5550	때(크로노스), 동안	5609	계란
5557	금	5610	시간, 시(한)
5560	저는자	5611	아름답게
5561	지방	5613	~한 대로, ~한 것같이, 같이도, ~하자, (~하는) 중에, 약, ~한 것(으로), 것, ~(자)로서의, ~하였지만, ~(되)자, ~(하)면서, 같은
5562	수용하다, 수용되다		
5563	가르다		
5564	토지		
5565	외에, 없이는, 따로		
5568	찬양, 시편(의역)		
5575	거짓증인	5614	호산나
5576	거짓증언하다	5615	그와같이
5577	거짓증거	5616	~처럼, 정도
5578	거짓선지자	5618	~처럼
5579	거짓	5620	~할 정도로, ~려고, 그럼으로써, 그러므로, ~하였므로
5580	거짓그리스도		
5583	거짓말쟁이		
5584	만져보다	5621	귓바퀴
5585	계산하다	5623	유익하다(수동 : 유익얻다)
5589	부스러기	†5574	거짓되다
5590	영혼		

스트롱코드	뜻
1067　3588　4442	불의 지옥불
1096　5613	~되자
1161　2532	또
1223　2250	며칠만에
1223　3650　3588　3571	온밤내내
1223　3778	이러므로
1223　3956	계속
1437　3361	(만약)~않는다면, ~않고서
1437　5100	누구라도
1487　1161 3361(†3361)	그렇지 않으면, 그렇지 못하면
1487　1161 3761	그렇지 않으면
1487　3361	~할 분이다, ~외에는
1519　1438	스스로, 자신에게
1519　1515	평안히
1519　2222　166	영원한 생명에 이르는
1519　3588　165	영원히
1519　3588　2048(형대)	광야로
1519　3588　3838	조금도
1519　3588　4008	건너편으로
1519　3588　899	깊은데로
1519　5056	끝까지
1519　5101	무엇하러
1519　5117　2048(형)	한적한 장소로
1520　2596　1520	한 명 한 명마다, 한 명 한 명씩
1537　1683	(1인칭 단수) 나자신
1537　2425	오래
1537　3588　5259　3772　1519　3588　5259　3772	하늘 아래 이편에서 하늘 아래 저편까지
1537　3772	하늘로부터(의)

1537 3778		이것으로
1537 5311		높은데서부터
1722 (3588) 2250(복수)		기간에
1722 (3588) 3772		하늘에 있는
1722 1438		속으로, 서로, 자신들끼리
1722 1515		평안히
1722 1565 3588 2250(단수)		그 날에
1722 1565 3588 2250(복수)		그 기간에
1722 1565 3588 5610		그 시간에
1722 240		(3인칭) 남(들)과, (2인칭) 서로에게
1722 2540(단수)		~때에
1722 3319		한가운데에, 한가운데서
1722 3391 3588 2250(복수)		어느 날에
1722 3588 1836 (2250)		그다음 날에
1722 3588 2250(단수) 3588 4521(단수,복수)		안식의 날에
1722 3588 2517		차례로
1722 3588 2540 3778		이 때에
1722 3588 2927		은밀히
1722 3588 3342		그 사이에
1722 3588 3686 1473		내 이름 안에서
1722 3588 3824		재창조시
1722 3588 3989		깊은데
1722 3588 5010		직무대로
1722 3588 5318		공개적으로
1722 3650 3588 1271		온 뜻으로
1722 3650 3588 2588		온 마음으로
1722 3650 3588 5590		온 영혼으로
1722 3778		이래서
1722 3956 2540		모든 때에

1722	5034			신속히
1722	5101			무엇으로
1722	846			거기서
1722	846	3588	2540	그 때에
1752	3778			이렇기에
1909	1438			스스로
1909	225			진리로
1909	3588	839		다음날에
1909	3588	846		그 위에서
1909	3745			동안에
1909	3778			이 무렵
1909	3956	3778		이 모든것들 위에
1909	5550			그때에
1909	846			그리로
2193	302			~때까지
2193	3755			동안에, ~때까지
2193	4219			언제까지
2222	166			영원한 생명
2250(단수)	3778			오늘날
2531	2532			~것과 같이
2532	1487			~할지라도
2596	1438			스스로
2596	2250			날마다
2596	2398			따로
2596	2540(단수)			때를 따라
2596	3650	3588	4172	온 성마다
2596	3778			이런식으로
2596	4795			우연히
2596	5101			무엇으로
2596	5117			장소(들)에 따라

302 3360 3588 4594	오늘까지도
3326 (1161) 3778	이후에
3326 1024	쪼금 후에
3326 1161 3778	이후에
3326 1417 2250	이틀 후
3326 1438	자신들과 함께
3326 240	(3인칭 복수) 남남끼리, (2인칭 복수) 너희끼리
3326 3397	조금 후
3326 3727	맹세로
3326 4710	부지런함으로
3326 5479	기쁨으로
3360 3588 4594	오늘까지
3361 A 3383 B	B할 조차 A 없다
3361~ 3366~	~도 ~도 못하다
3398 5550	잠시 동안
3560 3588 2250	종일
3588 1722 3588 2927	은밀히 계신
3588 1722 3588 3772(복수)	하늘들에 계신
3588 2250 3588 5154	제3일에
3588 3584	마른곳
3588 4012	주변 사람들
3588 740 3588 4286	하나님앞의 빵
3588 846(형대)	그처럼
3588 932 3588 3772(복수)	하늘들의 왕국
3699 1437	어디든지, 어디로~든지
3699 302	곳마다
3739 1437	(사람)만약 ~자, 무엇을 ~하든지, 무엇이든지
3739 302	~자마다, ~것마다
3739 3756	까닭이다
3739 5484	이러하므로

3745	302			무엇을~하든지, ~자마다, ~것마다
3748	302			누구든지 ~자마다
3756	1510			없다
3756	2531			~것과는 달리, ~것같지 않은
3756	3361			결코 아니다
3756	714			족하지 않다
3756~	3761~			~하지도 못하고~하지도 못하다(neither~neither)
3768~	3761~			~하지도 못하고~하지도 못하다
3777 A	3777 B	C(동사)		A도 B도 C를 하지 못하다
3778	3588	2094		이 해
3844	1438			자신들끼리
3844	240			(2인칭 복수) 서로에게
3844	3588	2281		바닷가
3844	3588	3041		호숫가
3844	3588	3598		길가
3844	3588	4228		발곁
3924	3056			말씀 없이
3956	3588	2250		항상
4012	3588	1766		제 구시(15시) 즈음에
4012	846			그 주변을(에)
4183	5550(복수)			많은 때
4253	4383			앞서
4314	1438(단수)			혼자서
4314	1438(복수)			서로, 자신들만
4314	240			서로
4314	3588	2307		뜻대로
4314	3761	1520	4487	한 선포된 말씀에도
4314	846			(3인칭 복수) 그들끼리
473	3739			대신에, ~한 자이기에
5550(복수)	2425			매우긴 기간

5613	3752			때같이
5613	4396			선지자로서
5613	4572			자신같이
575	1438			스스로
575	1565	3588	2250	그 날부터
575	165			영원부터
575	1683			(1인칭 단수) 나스스로
575	3113			멀리서
575	3391			하나로
575	3588	1417		둘 중에
575	3588	5610	1565	그 시간부터
575	509	2193	2736	위부터 아래까지
575	5119			그때부터
575	737			지금부터
575	746			처음부터
846	3441			혼자
846	3588	2424		예수님 그분
891	2540			때까지(다음 때까지)
891	3739	2250		날까지
976	5568			시편(찬양의 책)

마침말

박경호헬라어번역성경 마태복음이 2016년에 출판된 이 후, 박경호헬라어번역성경 누가복음이 2017년에 출판되었고, 박경호헬라어번역성경 마가복음, 요한복음, 요한계시록이 2020년에 출판되었으며, 박경호헬라어번역성경 New마태복음, New누가복음, New마가복음은 2021년에 출판되었습니다.

박경호헬라어번역성경 New요한복음이 2022년 1월에 출판되며, 연속적으로 2월에는 New요한계시록이 출판될 예정입니다. 또한 3월이나 4월에는, 박경호히브리어번역성경 창세기가 출판됩니다. 결국 창세기, 마태복음, 누가복음, 마가복음, 요한복음 및 요한계시록 6권이 최초의 [박경호히브리어&헬라어번역성경(6)]이 되는 것입니다.

많은 분들은 [박경호히브리어&헬라어번역성경(66)]이 완성되는 훗 날, [박경호성경]을 구매하실 의향이 있으시겠지만, 정말 진리를 찾는 사람들은 그렇게 긴 세월을 기다리지 못합니다. 왜냐하면 "정말 성경 사본에서는 어떻게 쓰였을까?"에 대한 궁금증 때문입니다.

저는 진리를 찾아 오랫동안 방황하였습니다. 도저히 개역한글로는 성경이 이해되지 않아, 컴퓨터에서 성경전체를 필사하였는데 전혀 깨달아지지 않았습니다. 결국 영어성경을 몇 년에 걸쳐 두 번 정독하였지만 약간의 이해증진만 있었을 뿐, 약 3,000권의 신앙서적을 읽어보았어도 의혹만 증폭되었습니다.

2,000년부터 개인적으로 헬라어성경 4복음서를 번역하면서부터, 저는 난생 처음으로 진리에 눈을 뜨기 시작했습니다. 그 후 15년 뒤에 박경호헬라어번역성경 마태복음이 출판되었고, 번역을 시작한 이래 21년이 지나 [박경호히브리어&헬라어번역성경(6)]이 출판되는 2022년까지 진리의 갈급함이 충족되는 기간이었습니다.

　성경66권은 어떤 책도 진리의 말씀이지만, 특히 요한복음은 가장 많은 진리가 숨어있어 그 진리를 발굴하는 기쁨은 세상의 어떤 기쁨을 훨씬 능가할 것입니다. 예수님조차 이렇게 여기실 것으로 이해하셨는지, "진실로! 진실로!" 가장 많은 진리의 명제들이 선포된 책!

　그 사본을 그대로 한글로 옮겨 영적인 놀라움에 빠지게 하는! 박경호헬라어번역성경 New요한복음의 깊은 우물을 맛보시면! 진리를 찾아서 떠나는 영적여행에 안정된 길을 발견하신 것입니다! 할렐루야!

2022년 1월 4일

[베다니 히브리어&헬라어 번역원 원장] 박경호

박경호헬라어번역성경

성경 중의 성경은 4복음성경입니다

기존에 번역된 신약성경과는 달리,

Ⅰ. 스테판(1550년) 사본을 번역하였으며,
　　원어를 100% 옮긴 오번역 제로 성경입니다.

Ⅱ. 모든 한글 및 영어 번역본은 헬라어 한 단어를,
　　여러 단어로 번역하지만, 원어를 한글 한 단어로
　　고정시키는 20년의 끈질긴 노력으로,
　　완전 직역에 성공한 전무 후무한 성경입니다.

Ⅲ. 어린이에게도 쉬운 성경이며, 연세가 많으신
　　분들이나 시력이 약한 분도 큰 글씨로 잘
　　보이는 선물용 성경입니다.

Ⅳ. 12장으로 나누고, 문장의 의미에 따라서
　　절을 만들고, 각장에 제목을 붙임으로,
　　이해하기 쉬운 새로운 성경입니다.

Ⅴ. 유튜브에 마태 / 누가 / 마가 / 요한 /
　　요한계시록 각 구절 강해를 진행하고 있는,
　　각 구절 강해 성경입니다.

대표번호　010-3090-8419

https://bethanyecclesia.blogspot.com/